X

X 26790

COURS RAISONNÉ

DE LANGUE FRANÇAISE

TROISIÈME DEGRÉ

Paris. — Typographie Panckoucke, rue des Poitevins, 8 et 14.

QUESTIONS
ET EXERCICES

SUR LE PETIT TRAITÉ

DES FIGURES ET DES FORMES DE STYLE

AVEC

LES RÉPONSES ET LES CORRIGÉS

A L'USAGE DES MAITRES

PAR

B. JULLIEN

délégué pour l'un des arrondissements de Paris, docteur ès lettres,
secrétaire de la société des méthodes d'enseignement

PARIS
LIBRAIRIE DE L. HACHETTE ET Cie
RUE PIERRE-SARRAZIN, No 14
(Près de l'Ecole de médecine)

1852

PRÉFACE.

Le *Petit traité des figures et des formes de style* a été composé exprès pour fournir la matière de leçons intéressantes à développer ou à apprendre par cœur dans les classes de seconde et de rhétorique de nos colléges, comme dans les classes de littérature des institutions de demoiselles, et dans les classes les plus avancées des écoles primaires normales ou supérieures.

Moins aride et plus complet que la plupart des traités de rhétorique, laissant de côté surtout ce qui regarde spécialement la composition des discours, il entre, sur l'élocution en général, sur le style, ses défauts et ses qualités, dans des détails extrèmement utiles, mais que négligent forcément ces ouvrages consacrés à d'autres parties de l'enseignement.

Divisé, d'ailleurs, en près de quatre-vingts paragraphes, dont chacun a pour objet un point particulier indiqué par son titre, il se prête avec la plus grande facilité au dessein du professeur qui voudrait faire, sur ces sujets, une ou deux leçons par semaine, et qui jetterait ainsi un vif intérêt sur la

suite sévère et quelquefois rebutante des études ordinaires.

Toutefois, quelque étendu que soit un livre théorique, quelque riche même qu'il soit en exemples
bien choisis, il ne saurait suffire à l'instruction des
élèves. Il faut les exercer, par la pratique, à reconnaître eux-mêmes les formes ou les figures qu'on
leur a fait étudier, à apprécier et à qualifier les
morceaux qu'on leur donne à lire.

Sans doute, les maîtres peuvent mettre à profit
leurs lectures pour cet objet; ils peuvent aussi
chercher dans leurs livres et trouver, à force de
temps, des exemples convenables sur lesquels ils
exerceront les jeunes gens. Mais, indépendamment
de la peine que cela leur donnera et des longues
heures qu'ils seront forcés de consacrer à cette
recherche, sont-ils même sûrs de rencontrer ce
qu'il leur faut? Et en supposant qu'ils s'astreignent
eux-mêmes à ce travail long et fastidieux, trouve-
ront-ils toujours, à point nommé, l'exemple dont
ils ont besoin?

Il est donc, en tout état de cause, fort avanta-
geux d'avoir, à côté du livre dogmatique, le livre
pratique qui en présente l'application régulière et
pourtant variée. C'est ce que nous avons essayé de
faire, nous pouvons dire avec l'approbation générale, dans nos *Questions et exercices sur la Grammaire française de Lhomond.* C'est ce que nous
tâchons aussi de réaliser dans nos *Questions et exercices sur le petit traité des figures et des formes de style.*

La disposition matérielle est celle que l'expé-

rience a montrée être si avantageuse pour des ouvrages inférieurs. Nous reproduisons exactement,
dans le volume de questions, les numéros et les
titres des chapitres et des paragraphes de l'ouvrage
dogmatique. Cette exacte correspondance, commode
en ce qu'elle rend les recherches plus faciles et
qu'elle met toujours en rapport le précepte et les
applications, n'empêche pas que les questions et
les exercices ne puissent et ne doivent convenir à
quiconque aura étudié comme il faut cette partie de
la grammaire. Il n'y a rien là, en effet, qu'il ne
doive savoir, quand même il l'aurait appris dans un
autre ordre que celui que nous avons suivi : ainsi,
nos *Questions et exercices* ne sont pas destinés à
ceux-là seulement qui ont suivi notre *Traité des
figures*, ils conviennent à tout le monde.

Le plan général étant déterminé comme nous
venons de le dire, on trouve dans chaque para-
graphe, d'abord des *questions théoriques*, lesquelles
se rapportent aux préceptes exposés dans le *Petit
traité*. Les réponses à ces questions constituent la
science proprement dite.

Après elles viennent les exercices ou les sujets sur
lesquels les élèves doivent faire l'application de ce
qu'ils ont appris, c'est-à-dire reconnaître d'abord
les formes, les figures, les ornements du style qu'ils
ont étudiés, et quelquefois imaginer et composer
eux-mêmes leurs phrases, à l'imitation de ces formes
ou de ces figures.

Ces exercices sont de diverses sortes.

Le premier et le plus répété est la simple analyse.

Un morceau pris dans un auteur est donné. Quelle est la forme du style? Quelles sont les figures qu'on y remarque? Tout élève qui a étudié avec profit notre petit traité doit pouvoir répondre exactement à ces questions.

Le second exercice est la contre-partie de l'analyse; c'est la composition ou synthèse. Une pensée est donnée : développez-la sous telle ou telle forme, avec telle ou telle figure. Ce devoir est un peu plus difficile que le précédent, puisqu'ici l'imagination est nécessairement en jeu. Toutefois, il faut remarquer que les sujets donnés n'exigent aucune connaissance étrangère à l'étude du style. Les devoirs dictés dans nos classes de rhétorique roulent ordinairement sur des points de l'histoire ou de la fable que les élèves sont supposés connaître; et s'ils ne les connaissent pas, ils ne trouvent rien et ne peuvent rien dire. Les sujets proposés ici ne sont pas de ce genre; la pensée est donnée : il ne s'agit pas d'y ajouter, mais seulement d'en changer la forme et d'en trouver la meilleure expression. C'est un exercice que nous ne nous rappelons pas avoir vu ailleurs, et dont nous espérons que l'importance sera appréciée.

Le troisième exercice est l'*analyse critique*. Ce nom indique clairement que le goût intervient ici. Ce n'est plus assez de dire quelle forme de style ou quelle figure se trouve dans un passage donné. Cette forme est-elle à sa place? Cette figure est-elle convenable? N'a-t-elle, dans son contexte, rien de contradictoire? Il est visible que ces questions sont plus élevées et plus difficiles que les précédentes. On trouvera, dès nos premiers chapitres, des sujets d'analyse critique, parce qu'il était naturel de les placer dans les paragraphes mêmes au sujet desquels ces devoirs se rapportent. Du reste, ces analyses critiques se multiplient à mesure qu'on avance, et surtout lorsqu'on arrive aux chapitres des qualités habituelles ou accidentelles du style. Là, on peut dire que c'est l'objet propre et spécial de l'étude des élèves.

L'analyse critique peut être comparative; il suffit, pour cela, de prendre le même sujet traité par deux auteurs différents, et de demander aux élèves leur jugement sur les deux morceaux. Nous en avons donné un modèle fort étendu dans les §§ 70 et 71 du *Petit traité*. Comme cette condition ne change presque rien au travail précédent, nous n'en avons ajouté ici qu'un seul exemple.

Il y a un dernier exercice beaucoup plus élevé que les précédents, et dont nous n'avons donné qu'un ou deux exemples, tout à la fin du livre : c'est une analyse critique, avec la correction des fautes remarquées. Un auteur a mal écrit un passage : quelle est sa faute, et que faudrait-il à la place de ce qu'il a mis, pour que son texte devînt irréprochable? Nous n'avons pas besoin d'insister sur la difficulté de cette question : elle est assez frappante pour expliquer le très-petit nombre de devoirs de ce genre que nous avons donnés. Cependant, il était bon de montrer où notre *Petit traité* peut conduire, sans demander aucune autre connaissance que celles-là mêmes qu'il enseigne. Les maîtres qui voudront multiplier ces exemples ou ces exercices, les trouveront facilement dans la plupart des poëmes publiés de nos jours. Mais nous pensons qu'il y aurait un danger réel à donner souvent ce travail à faire à des écoliers trop jeunes pour que leur goût soit bien formé ; on risquerait de le corrompre en croyant le diriger.

Ces quatre espèces de devoirs, dont deux ou trois, nous osons le dire, sont tout nouveaux, nous ont permis d'élever à près de cent vingt le nombre de nos sujets d'exercices, sans qu'il y ait presque aucune répétition des mêmes données. Quant aux textes, soit pour les analyses, soit pour les compositions, ils sont tous tirés d'auteurs français connus, et tellement beaux, pour la plupart, que l'on pourra les donner en même temps comme exercices de mémoire, c'est-à-dire les faire apprendre par cœur.

Ce petit volume est donc le complément naturel de celui où sont compris les préceptes. Ici sont les applications à l'usage des maîtres et de tous ceux qui veulent s'instruire seuls. Les uns et les autres y trouveront les réponses à toutes les questions, les corrigés de tous les devoirs.

Quant aux élèves qui suivent les leçons d'un professeur, il fallait leur donner les questions sans les réponses, les sujets sans les corrigés, c'est-à-dire sans les analyses ou compositions effectuées : c'est ce que nous avons fait, et que l'on trouvera dans un petit volume correspondant exactement à celui-ci, et destiné seulement aux écoliers.

Cette disposition, qui a paru si commode et si avantageuse pour l'étude appliquée de la grammaire élémentaire, aura, nous n'en doutons pas, la même approbation, aujourd'hui qu'il s'agit de connaissances plus élevées, plus délicates et plus variées.

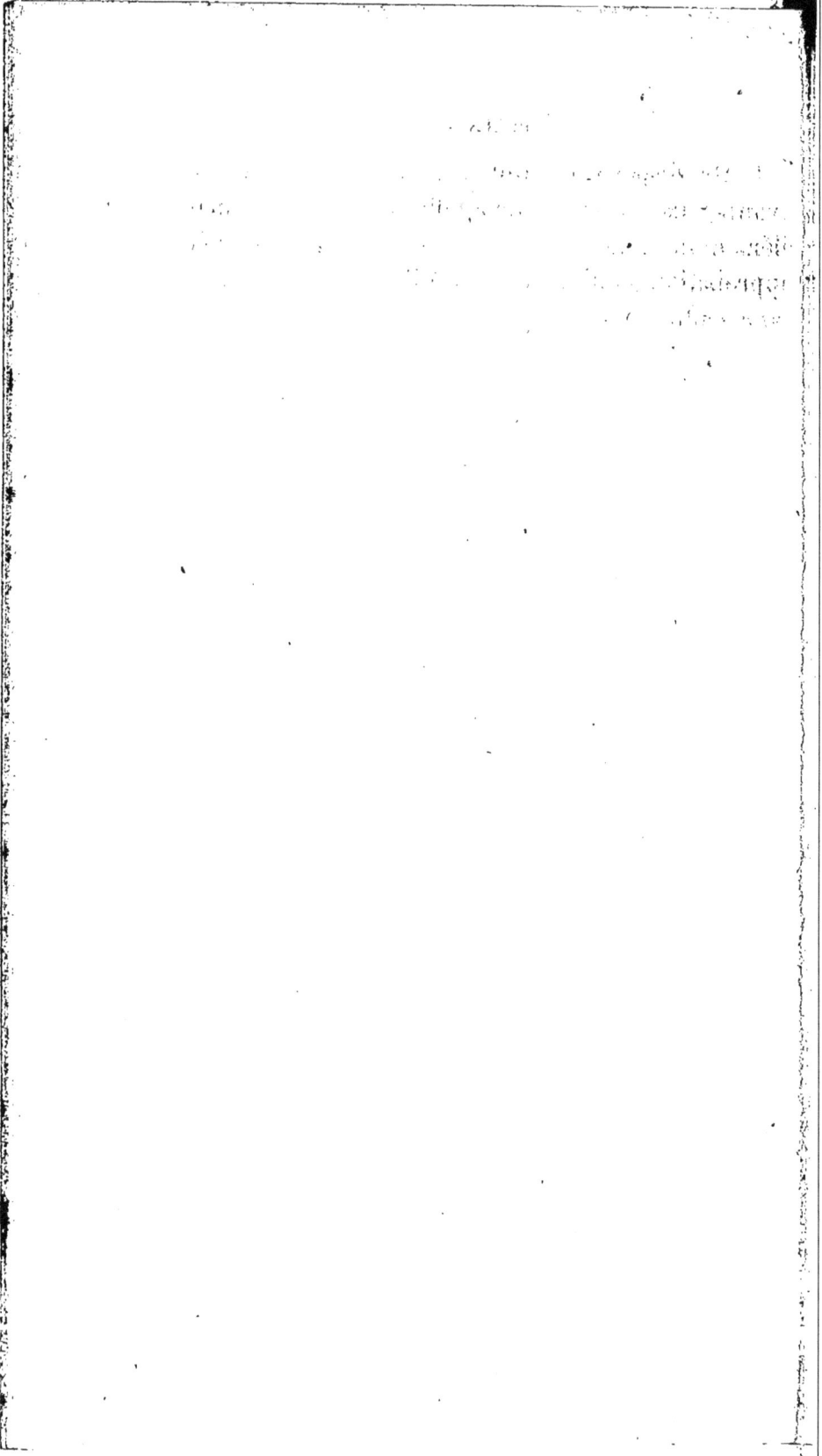

QUESTIONS ET EXERCICES

SUR LE PETIT TRAITÉ

DES FIGURES ET DES FORMES DU STYLE.

~~~~~~

CHAPITRE PREMIER.
DIVISION DE L'OUVRAGE.

---

§ 1. CONSIDÉRATIONS GÉNÉRALES.

QUESTIONS THÉORIQUES

1. Que faut-il faire pour que l'étude du style soit fructueuse ? — Il faut deux choses : 1° qu'on s'exerce soi-même en écrivant beaucoup ; 2° qu'on reconnaisse les diverses modifications qui peuvent se rencontrer dans l'arrangement du langage.

2. En combien de classes partage-t-on les modifications du langage ? — En trois classes, savoir : 1° les formes du style ; 2° les figures ; 3° les simples ornements.

3. De quoi dépendent les qualités ou les défauts du style ? — Ils dépendent de l'emploi bien ou mal fait des trois moyens énumérés ici : les formes, les figures et les ornements du style.

CHAPITRE II.

LES FORMES DU STYLE.

§ 2. TROIS FORMES DE LA PROSE. — STYLE ORDINAIRE.

QUESTIONS THÉORIQUES.

1. Combien y a-t-il de formes générales du style?
— Il y en a trois : le style ordinaire, le style coupé et le style périodique.

2. Qu'est-ce que le *style ordinaire?* — C'est celui dans lequel l'orateur exprime sa pensée sans s'astreindre à aucune condition ni rechercher aucun effet particulier; c'est le style de la conversation calme et de l'exposition tranquille.

3. Qu'y a-t-il à dire de ce style? — Il n'y a rien à en dire, sinon qu'il faut y observer exactement les règles de correction et de clarté enseignées dans la grammaire élémentaire.

EXERCICES.

1er SUJET.

La critique est sans doute permise dans la république des lettres : elle est légitime, puisque c'est un droit naturel du public de juger les écrits qu'on lui expose; et elle est utile, puisqu'elle ne tend qu'à faire voir, par un raisonnement sérieux et détaillé, les beautés et les défauts des ouvrages. Mais, autant la critique est légitime et utile, autant la satire est injuste et pernicieuse. Elle est injuste, en ce qu'elle essaye de tourner les auteurs mêmes en ridicule, ce qui ne saurait être le droit de personne; et elle est pernicieuse, en ce qu'elle cherche beaucoup plus à réjouir qu'à éclairer. Elle ne porte que des jugements vagues et malins, d'autant plus contagieux que leur générarité accommode notre paresse, et que leur malice ne constate que trop notre penchant à mépriser les autres. (Lamotte, *Réflexions sur la critique*.)

ANALYSE.

Dans quel style est écrit ce morceau?

Il est tout entier dans le style ordinaire, excepté peut-être la phrase *mais autant la critique...*[1] *pernicieuse*, où l'on trouve deux parties qui se contre-balancent comme dans les périodes.

2e SUJET.

Dites combien un bon plan est nécessaire à qui veut faire un bon ouvrage. Montrez dans quels défauts tombent ceux qui n'ont pas suffisamment médité et bien disposé ce qu'ils ont à dire.

COMPOSITION OU SYNTHÈSE.

Le plan n'est pas encore le style, mais il en est la base : il le soutient, il le dirige, il règle son mouvement, et le soumet à des lois; sans cela, le meilleur écrivain s'égare; sa plume marche sans guide, et jette à l'aventure des traits irréguliers et des figures discordantes. Quelque brillantes que soient les couleurs qu'il emploie, quelques beautés qu'il sème dans les détails, comme l'ensemble choquera ou ne se fera pas assez sentir, l'ouvrage ne sera point construit; et, en admirant l'esprit de l'auteur, on pourra soupçonner qu'il manque de génie. C'est par cette raison que ceux qui écrivent comme ils parlent, quoiqu'ils parlent très-bien, écrivent mal; que ceux qui s'abandonnent au premier feu de leur imagination prennent un ton qu'ils ne peuvent soutenir; que ceux qui craignent de perdre des pensées isolées, fugitives, et qui écrivent en différents temps des morceaux détachés, ne les réunissent jamais sans transitions forcées; qu'en un mot il y a tant d'ouvrages faits de pièces de rapport, et si peu qui soient fondus d'un seul jet. (Buffon, *Discours de réception à l'Académie française*.)

---

§ 3. STYLE COUPÉ. — STYLE HACHÉ.

QUESTIONS THÉORIQUES.

1. Qu'est-ce que le *style coupé?* — C'est celui où

---

[1]. Les points placés ainsi entre les premiers et les derniers mots d'un passage, indiquent que tous les mots passés doivent être reproduits.

l'orateur, entraîné par la passion, ne complète pas toujours les phrases; il supprime quelque liaison entre les propositions, n'achève pas toujours la pensée et la laisse deviner en partie.

2. Que faut-il pour que le style coupé ne soit pas blâmable? — Il faut que les phrases incomplètes et les transitions supprimées n'empêchent pas la pensée d'être claire, ni l'auditeur de savoir ce qu'on veut lui dire.

3. Qu'est-ce que le *style haché*? — C'est l'abus ou l'excès du style coupé; c'est celui où rien n'explique, où rien ne fait comprendre des phrases tronquées, des discours sans suite, des questions sans réponses.

EXERCICES.

3e SUJET.

Dans ce moment Hégésippe entre, saisit l'épée de Protésilas, et lui déclare, de la part du roi, qu'il va l'emmener dans l'île de Samos. A ces paroles, toute l'arrogance de ce favori tomba, comme un rocher qui se détache du sommet d'une montagne escarpée. Le voilà qui se jette tremblant et troublé aux pieds d'Hégésippe; il pleure, il hésite, il bégaye, il tremble; il embrasse les genoux de cet homme, qu'il ne daignait pas, une heure auparavant, honorer d'un de ses regards. Tous ceux qui l'encensaient, le voyant perdu sans ressource, changèrent leurs flatteries en des insultes sans pitié. (Fénelon, *Télémaque.*)

ANALYSE.

Quel est le style de ce morceau?

Le commencement et la fin sont du style ordinaire; la peinture du désespoir de Protésilas est en style coupé. On remarque ces phrases courtes et détachées, *il pleure, il hésite, il bégaye*, etc.

4e SUJET.

Un guerrier blessé depuis longtemps, et dont la blessure répandait une odeur si infecte que les Grecs l'avaient abandonné

dans une île déserte, prie un jeune prince de l'emmener dans
son vaisseau et de le ramener dans sa patrie. — Faites-le parler
en style coupé.

COMPOSITION.

O mon fils, je te conjure, par les mânes de ton père, par
ta mère, par tout ce que tu as de plus cher sur la terre, de ne
me laisser pas seul dans ces maux que tu vois.... Je n'ignore pas
combien je te serai à charge, mais il y aurait de la honte à m'abandonner.... Jette-moi à la proue, à la poupe, dans la sentine même,
partout où je t'incommoderai le moins.... Il n'y a que les grands
cœurs qui sachent combien il y a de gloire à être bon.... Ne me
laisse point en un désert où il n'y a aucun vestige d'homme ; mène-
moi dans ta patrie ou dans l'Eubée, qui n'est pas loin du mont
Œta, de Trachine, et des bords agréables du fleuve Sperchius :
rends-moi à mon père.... Hélas ! je crains qu'il ne soit mort. Je lui
avais mandé de m'envoyer un vaisseau : ou il est mort, ou bien
ceux qui m'avaient promis de le lui dire ne l'ont pas fait. J'ai re-
cours à toi, ô mon fils ! souviens-toi de la fragilité des choses humaines. Celui qui est dans la prospérité doit craindre d'en abuser,
et secourir les malheureux. (Fénelon, *Télémaque*, liv. XII.)

5e SUJET.

Joseph, recevant une bourse avec laquelle il espère tirer son
père de prison, s'écrie : « Elle est à moi !... Homme généreux !
je tombe à vos pieds, je les embrasse !... Oui, je l'emporterai....
je serais dénaturé si je la refusais.... C'est là dedans qu'est la
délivrance d'un père, le bonheur de nous trois.... Mais je tremble de m'abuser.... je ne sais si je dois.... Vous me la donnez,
dites, vous me la donnez ? » (Mercier, *l'Indigent*.)

ANALYSE CRITIQUE.

Quel est le style dans ce morceau ? et si vous ne le
trouvez pas bon, dites en quoi il est mauvais.

C'est un style haché, et du plus mauvais goût, car il est incom-
préhensible. *Elle* ne se rapporte à rien du tout ; le mot *bourse* n'est
pas exprimé précédemment dans le dialogue. — *Je les embrasse ;* on
peut embrasser les genoux, on n'embrasse pas les pieds. — *Je l'emporterai....* quoi ? qu'est-ce qu'il emportera ? ce ne peut être que
la bourse ; mais elle n'a pas même été nommée précédemment.— *Je
serais dénaturé si je la refusais.* A quel propos cette pensée ? et qui
lui parle de refuser cette bourse ? — *Mais je tremble de m'abuser :*
s'abuser sur quoi ? et pourquoi tremble-t-il ? Il veut dire sans doute :

Je crains d'avoir mal compris, de m'être trompé sur vos inten-
tions; il n'y a pas à *trembler* pour cela.—*Je ne sais si je dois*.... Si
je dois quoi ? *l'emporter*, peut-être ? il faudrait que cela fût dit.
——*Vous me la donnez, dites, vous me la donnez ?* S'il en doute, il
aurait dû commencer par s'en éclaircir, et alors toutes ces phrases
saccadées ne se seraient pas produites.

---

§ 4. STYLE PÉRIODIQUE. — PÉRIODES. — MEMBRES DES PÉRIODES.

QUESTIONS THÉORIQUES.

1. Qu'est-ce que le *style périodique ?* — Le *style pé-*
riodique est celui dans lequel on trouve des *périodes.*

2. Qu'est-ce qu'une *période ?* — C'est une portion
de discours composée de parties symétriques, cadencées
pour le plaisir de l'oreille, et qui, prises ensemble,
forment un sens complet.

3. Comment appelle-t-on les parties symétriques
d'une période ? — On les appelle les *membres de la pé-*
riode. Le sens doit en être clair et distinct, et néanmoins suspendu jusqu'à ce que le dernier membre vienne
le compléter.

4. D'où vient l'harmonie dans les périodes ? — Elle
vient du contre-balancement de ces parties sensiblement
égales pour l'oreille, et telles qu'après avoir entendu la
première, nous ne sommes satisfaits que quand la seconde est venue à la fois clore le sens et compléter
l'harmonie.

5. Comment s'appellent alors ces deux parties qui se
contre-balancent ?— La première s'appelle *protase*, et
la dernière *apodose.*

6. Que signifient ces deux noms de *protase* et d'*apo-*
dose ?— Le premier veut dire *tension en avant*, comme

si notre esprit se tendait sur cette première partie ; et le dernier signifie *reddition, solution définitive.*

EXERCICES.

6e SUJET.

Gloire de Dieu. — Si la gloire du monde, sans la crainte de Dieu, était quelque chose de réel, quel homme jusque-là avait paru sur la terre qui eût plus lieu de se glorifier lui-même que Jésus-Christ?

Outre la gloire de descendre d'une race royale et de compter les David et les Salomon parmi ses ancêtres, avec quel éclat n'avait-il pas paru dans le monde !

Suivez-le dans tout le cours de sa vie : toute la nature lui obéit; les eaux s'affermissent sous ses pieds; les morts entendent sa voix; les démons, frappés de sa puissance, vont se cacher loin de lui ; les cieux s'ouvrent sur sa tête, et annoncent eux-mêmes aux hommes sa gloire et sa magnificence; la boue, entre ses mains, rend la lumière aux aveugles; tous les lieux par où il passe ne sont marqués que par ses prodiges; il lit dans les cœurs; il voit l'avenir comme le présent; il entraîne après lui les villes et les peuples : personne avant lui n'avait parlé comme il parle ; et, charmées de son éloquence céleste, les femmes de Juda appellent heureuses les entrailles qui l'ont porté.

Quel homme s'était jamais montré sur la terre environné de tant de gloire? Et cependant il nous apprend que s'il se l'attribue à lui-même, et que sa gloire ne soit qu'une gloire humaine, sa gloire n'est plus rien : *Si ego glorifico meipsum, gloria mea nihil est.* (Massillon, *Petit Carême.*)

ANALYSE.

Quelle est la forme du style dans ce morceau?

Elle est surtout périodique. L'orateur commence et finit par deux belles périodes. La première est : *Si la gloire du monde.... que Jésus-Christ?* La seconde : *Outre la gloire.... paru dans le monde?* La troisième : *Personne avant lui.... qui l'ont porté.* La dernière : *Et cependant il nous apprend.... sa gloire n'est plus rien.*

Le reste est du style ordinaire.

---

§ 5. PÉRIODES DIVERSES.

QUESTIONS THÉORIQUES.

1. Comment distingue-t-on les périodes? — Les périodes se distinguent par le nombre de leurs membres.

2. Quelles sont les périodes les plus usitées? — Il y
a des périodes à deux, à trois et à quatre membres.

3. Y a-t-il des périodes de plus de quatre membres?
— On en rencontre qui ont cinq ou six membres, mais
elles sont très-rares, et l'harmonie, d'ailleurs, en est
si peu sensible, que l'oreille les reconnaît à peine.

4. Qu'appelle-t-on *périodes carrées?* — Ce sont les
périodes à quatre membres, quand les membres sont à
peu près égaux. Ces périodes sont les plus belles; mais
peut-être sont-elles trop recherchées pour qu'on doive
s'attacher à les produire.

EXERCICES.

7º SUJET.

Cette funeste nouvelle se répandit par toute la France,
comme un brouillard épais qui couvre la lumière du ciel et
remplit tous les esprits des ténèbres de la mort. (Mascaron.)

Les hommes si ombrageux et si prompts à provoquer les autres sont, pour la plupart, de malhonnêtes gens, qui, de peur
qu'on n'ose leur montrer ouvertement le mépris qu'on a pour
eux, s'efforcent de couvrir de quelques affaires d'honneur l'infamie de leur vie entière. (Rousseau.)

ANALYSE.

Quelles sont ces périodes? Combien ont-elles de membres?

La première, celle de Mascaron, est une période à deux membres : 1, *cette funeste nouvelle...*, 2, *comme un brouillard...*; celle

de Rousseau est une période à trois membres : *les hommes si om-brageux....* 2, *qui, de peur....* 3, *s'efforcent,* etc.

---

§ 6. DIVISION DES MEMBRES DE PÉRIODES EN INCISES.

QUESTIONS THÉORIQUES.

1. Les membres des périodes se divisent-ils en parties? — Oui, ils sont quelquefois composés de parties qui, prises chacune à part, formeraient un membre entier, mais qui, dans leur ensemble, ne sont plus que la répétition du même membre, ou plutôt les parties d'un membre total résultant de leur réunion.

2. Comment s'appellent ces membres partiels? — Ils se nomment *incises,* ce qui veut dire *coupures* ou *sections.*

3. Le nombre des incises qui peuvent entrer dans chaque membre est-il limité? — Non, il est tout à fait indéterminé. On comprend cependant qu'il ne faut pas qu'il soit assez grand pour que l'oreille, en arrivant à la fin, ait perdu le souvenir du commencement ; sans quoi, toute l'harmonie disparaîtrait.

8ᵉ SUJET.

Quand vous aurez vu le Tibre, au bord duquel les Romains ont fait l'apprentissage de leurs victoires et commencé ce long dessein qu'ils n'achevèrent qu'aux extrémités de la terre ; quand vous serez monté au Capitole, où ils croyaient que Dieu était aussi présent que dans le ciel, et qu'il avait enfermé le destin de la monarchie universelle ; après que vous aurez passé au travers de ce grand espace qui était dédié aux plaisirs du peuple, je ne doute pas qu'après avoir regardé encore beaucoup d'autres choses, vous ne vous lassiez, à la fin, du repos et de la tranquillité de Rome. (Balzac.)

Quoique les qualités naturelles soient le principal ornement de l'éloquence, et que quelquefois elles suffisent seules pour y réussir, on ne peut nier cependant que l'art et les préceptes ne

puissent être d'un grand secours à l'orateur, soit pour lui servi
de guides en lui donnant des règles sûres qui apprennent à dis-
cerner le bon du mauvais, soit pour cultiver et perfectionner
les avantages qu'il a reçus de la nature. (Rollin.)

Déterminez les membres et les incises de ces périodes.

La période de Balzac est à deux membres ; le premier est divisé
en trois incises, *quand vous aurez.... quand vous serez.... après
que vous aurez....* Le second n'est pas partagé, *je ne doute pas....*

La période de Rollin, beaucoup moins majestueuse que l'autre,
est à trois membres : 1, *quoique les qualités....* 2, *on ne peut
douter....* 3, *soit pour lui servir....* Le premier et le troisième
membre sont coupés chacun en deux incises.

9e SUJET.

La mort d'un homme juste est un objet sublime par lui-
même. Mais, si ce juste est opprimé ; si l'erreur traîne la vérité
au supplice ; si la vertu souffre la peine du crime ; si, en mou-
rant, elle n'a pour elle-même que Dieu et quelques amis qui
l'entourent ; si cependant elle pardonne à la haine ; si, de l'enceinte obscure de la prison où elle meurt, ses regards se tournent avec tranquillité vers le ciel ; si, prête à abandonner les
hommes, elle emploie encore ses derniers moments à les instruire ; si, enfin, au moment où elle n'est plus, c'est le crime
qui l'a condamnée qui paraît malheureux et non pas elle, alors
je ne connais point d'objet plus grand dans la nature ; et tel est
le spectacle que nous présente Platon en décrivant la mort de
Socrate. (Thomas, *Essai sur les éloges*, ch. 8.)

Déterminez les membres et les incises de la période qui
commence après la première phrase : *Mais, si ce juste,* et
qui va jusqu'à la fin du texte, *la mort de Socrate.*

Il y a trois membres dans cette période : 1, *mais si ce juste....*
2, *alors je ne connais....* 3, *et tel est le spectacle....*

Le premier membre a sept incises, qui commencent toutes par
la conjonction *si*, et sont par là facilement reconnaissables.

§ 7. USAGE ET ABUS DES PÉRIODES.

QUESTIONS THÉORIQUES.

1. Où les périodes sont-elles bien placées? — Elles conviennent parfaitement lorsque l'on veut s'attirer l'attention des auditeurs; c'est pourquoi les anciens les recommandaient surtout au commencement des discours.

2. Qu'est-ce qui constitue proprement le style périodique? — Ce sont les périodes multipliées à dessein.

3. Le style périodique peut-il être soutenu longtemps? — Non, il devient promptement fatigant, car il n'y a rien qui ennuie aussi vite que cette attention scrupuleuse à ne jamais laisser marcher seule une proposition, mais à la balancer toujours avec une autre.

EXERCICES.

10ᵉ SUJET.

Si quelqu'un veut éprouver toute l'indignation que la flatterie inspire; s'il veut apprendre comment on ne laisse échapper aucune occasion de louer un homme puissant, comment on s'extasie sur ses bonnes qualités quand il en a, comment on dissimule les mauvaises, comment on exagère ce qui est commun, comment on donne des motifs honnêtes à ce qui est vicieux, comment on rabaisse avec art ou sans art les ennemis ou les rivaux, comment on interrompt son récit par des exclamations qu'on veut rendre passionnées, comment on se hâte de louer en abrégé, en annonçant que, dans un autre ouvrage, on louera plus en détail; comment, et toujours dans le même but, on mêle à de grands événements de petites anecdotes, comment on érige son avilissement en culte, comment on espère qu'un homme si utile et si grand voudra bien avoir longtemps pitié de l'univers; comment, enfin, dans un court espace, on trouve l'art d'épuiser toutes les formules et tous les tours de la bassesse, il n'y a qu'à lire ces soixante pages, et surtout les vingt dernières. (Thomas, *Essai sur les éloges*, ch. 13.)

ANALYSE CRITIQUE.

Que pensez-vous de cette période? et si vous y trouvez quelque chose à blâmer, dites ce que c'est.

Considérée comme période, elle perd toute son harmonie par l'énorme disproportion entre le dernier membre, qui est très-court, et le premier, qui n'a pas moins de quatorze incises. — Considérée comme constituant la forme du style, chez Thomas, on peut dire que c'est un des défauts de cet écrivain de chercher toujours la pompe par tous les moyens mécaniques que la rhétorique nous enseigne.

CHAPITRE III.

LES FIGURES EN GÉNÉRAL.

§ 8. DÉFINITION ET CLASSIFICATION.

QUESTIONS THÉORIQUES.

1. Qu'est-ce qu'une figure en général? — Ce n'est autre chose qu'une disposition particulière d'un ou de plusieurs mots.

2. A quoi cette disposition particulière qu'on nomme *figure* est-elle relative? — Elle est relative à l'état primitif et, pour ainsi dire, fondamental des mots ou des phrases; et les différents écarts que l'on fait dans cet état primitif et les différentes altérations qu'on y apporte font les différentes figures de mots et de pensée.

3. Par quoi les figures sont-elles distinguées entre elles? — Les figures sont distinguées l'une de l'autre par une conformation particulière ou un caractère propre qui fait leur différence; c'est la considération de cette différence qui leur a fait donner à chacune un nom particulier.

4. En combien d'espèces divise-t-on les figures ? — On les divise en quatre espèces, savoir : les *figures de mots*, les *figures de construction*, les *figures de signification* ou les *tropes*, et les *figures de pensée*.

5. En quoi consistent les *figures de mots?* — Les *figures de mots* consistent dans l'emploi particulier ou dans la position des mots.

6. Donnez un exemple. — « Non, non : d'un ennemi respecter la misère. » ce mot *non*, répété ici lorsque le sens ne l'exige pas, forme une figure particulière qui dépend évidemment de ce mot, et qu'on nomme *répétition*.

7. En quoi consistent les *figures de construction ?* — Les *figures de construction* ne regardent pas les mots en eux-mêmes, mais la construction des phrases ou leur syntaxe.

8. Donnez un exemple. — Que je dise : « Ainsi chantait Daphnis, » la construction naturelle se trouve intervertie, puisque nous disons ordinairement *Daphnis chantait ainsi*. Cette *inversion* est une figure de construction.

9. Qu'est-ce que les *tropes* ou *figures de signification ?* — Les *tropes* ne dépendent ni de la position des mots, ni de l'ordre de la phrase, mais du sens que l'on donne actuellement aux mots quand on les détourne de leur sens propre.

10. Donnez un exemple. — Dans cette phrase : « Le feu de l'éloquence, » le mot *feu* n'a pas le sens primitif et fondamental qu'il a dans *faire du feu, allumer le feu*. Le sens détourné qu'on lui prête alors est donc une *figure de signification*, ce qu'on appelle, en général, un *trope*, d'un mot grec qui signifie *tour*.

11. Qu'est-ce que les *figures de pensée?* — On entend par *figures de pensée* celles qui tombent sur la pensée

même, c'est-à-dire qui consistent dans la tournure qu'on donne à l'expression de cette pensée, et non dans les mots particuliers qu'on emploie, ou la construction grammaticale.

CHAPITRE IV.
LES FIGURES DE MOTS.

---

§§ 9 et 10. FIGURES DE MOTS EN GÉNÉRAL. — RÉPÉTITION. — GRADATION.

QUESTIONS THÉORIQUES.

1. Sur quoi reposent les figures de mots en général? — Elles reposent sur la répétition, l'opposition, la ressemblance ou la décomposition des mots.

2. Comment se classent-elles? — Elles peuvent se classer sous ces quatre groupes : *figures de mots par répétition, figures par opposition, figures par ressemblance* et *figures par décomposition.*

3. Qu'est-ce que la *répétition?* — La *répétition* consiste à répéter un ou plusieurs mots. C'est une figure extrêmement commune.

4. Où se fait la répétition? — La répétition d'un mot peut se faire au commencement des phrases ou des membres de phrase.

5. La répétition se fait-elle à la fin des phrases? — La répétition à la fin des membres de phrase se présente rarement en français, parce qu'elle amène presque toujours des consonnances désagréables.

6. La répétition ne peut-elle pas aussi se faire à la

fois au commencement et à la fin des phrases? — Oui ;
sous cette forme, elle donne souvent beaucoup de rapidité au discours.

7. N'y a-t-il pas encore une répétition où un mot se
redouble? — Oui, il y a encore une espèce de répétition qui consiste à placer deux fois de suit le même
mot, pour donner plus de force à l'expression.

8. Qu'est-ce que la *gradation ?* — La gradation est
cette figure où l'on passe d'une idée à une autre en ré-
pétant le mot précédent. Elle tient donc à la répétition.

EXERCICES.

11e SUJET.

L'univers entier est un temple que Dieu remplit de sa gloire
et de sa présence. Quelque part que nous soyons, dit l'Apôtre, il
est toujours près de nous; nous vivons en lui, nous agissons en
lui, nous sommes en lui. Si nous nous élevons dans les cieux,
il y est; si nous creusons dans les abîmes, nous l'y trouverons;
si nous montons sur les ailes des vents, et que nous traversions
les mers, c'est sa main qui nous guide; et il est le Dieu des îles
éloignées où on ne le connaît pas, comme des royaumes et des
régions qui l'invoquent. (Massillon, *Carême.)*

ANALYSE.

Trouve-t-on quelques figures de mots dans ces lignes?

Oui, il y a une première répétition très-rapide dans *nous vivons
en lui, nous agissons en lui, nous sommes en lui ;* il y en a une
autre plus développée dans les trois phrases qui suivent : *si nous
nous élevons.... sa main qui nous guide.*

12e SUJET.

Le Seigneur disait, par la bouche d'Ézéchiel, à un roi impie : Je te réduirai en poudre; et ces éclatantes actions, dont
tu te promettais, dans la mémoire des hommes, une espèce
d'immortalité, s'évanouiront et se dissiperont comme la cendre.
En effet, c'est le véritable symbole de cette fausse gloire dont
nous sommes si jaloux ; puisqu'il est certain qu'elle a toutes les

propriétés de la cendre, qu'elle est vile comme la cendre, légère comme la cendre, stérile et inutile comme la cendre; et que, quand nous en aurions autant que notre vanité en peut demander, ce qui ne sera jamais, on aurait toujours le droit de nous dire : *Memento homo*, etc. (Bourdaloue, *Sermon sur la cérémonie des cendres.*)

ANALYSE.

Quelle figure de mots trouve-t-on dans ces lignes?

On y trouve cette répétition placée à la fin des sections de phrase, qui ramène ici quatre fois de suite le mot *cendre*.

---

§ 11. REFRAINS.

QUESTIONS THÉORIQUES.

1. Qu'est-ce que le *refrain?* — On appelle *refrain* le retour du même mot ou du même vers, ou des mêmes vers, ou enfin de la même stance, après un certain nombre d'autres vers.

2. Quel est l'emploi le plus simple et le plus naturel du refrain? — C'est celui qui consiste à ramener le même vers après plusieurs autres, lorsque le sens le permet ; c'est la forme antique qu'on retrouve dans les tragiques et les bucoliques grecs et latins.

3. Où plaçons-nous le plus souvent les refrains? — Nous plaçons surtout les refrains dans la chanson ou dans la poésie lyrique de petite dimension, après des stances égales.

EXERCICES.

13e SUJET.

L'opéra. — C'est le plus charmant des spectacles,
    Où rien ne se fait qu'en chantant;

En chantant on fait des miracles,
On boit et l'on aime en chantant;
Le héros y chante en colère,
Il pleure avec grâce en chantant;
Et quand il n'a plus rien à faire,
Il va rendre l'âme en chantant.

ANALYSE.

Que remarque-t-on dans ces vers?

On remarque le même mot *chantant*, qui vient comme un refrain très-serré terminer quatre fois les vers. C'est en cela que consiste le seul mérite de cette petite pièce.

14e SUJET.

Le poëte Piron s'était présenté à l'Académie française en concurrence avec l'abbé Séguy, aujourd'hui peu connu. Celui-ci fut admis. Piron se consola de son échec par les vers suivants. Il faut se souvenir que l'Académie française se compose de quarante membres, et qu'aussitôt qu'il y a une place vacante par décès, les candidats se présentent en foule pour remplacer le membre défunt.

Grâce à monsieur l'abbé Séguy,
Messieurs, vous revoilà quarante.
On dit que vous faites aussi
Grâce à monsieur l'abbé Séguy.
Par la mort de je ne sais qui,
Vous n'étiez plus que neuf et trente :
Grâce à monsieur l'abbé Séguy,
Messieurs, vous revoilà quarante.

ANALYSE.

Qu'est-ce que ce vers : *Grâce à monsieur l'abbé Séguy ?*

C'est un refrain. On voit qu'il revient trois fois dans ce huitain. C'est ce qui a fait donner à cette petite pièce de poésie le nom de *triolet*.

§ 12. IMITATION. — HARMONIE IMITATIVE.

QUESTIONS THÉORIQUES.

1. Qu'est-ce que l'*imitation ?* — L'*imitation* est une figure qui consiste à imiter soit les sons naturels, soit les mots eux-mêmes : la ressemblance qu'on obtient ainsi produit quelquefois un heureux effet.

2. Qu'est-ce que l'*harmonie imitative ?* — Il arrive parfois qu'un auteur, qu'un poëte, cherchent à peindre les objets par le son des mots qu'ils réunissent dans leurs phrases : c'est ce qu'on appelle *harmonie imitative.*

3. Donnez un exemple d'harmonie imitative. — Ce vers de Racine dans *Andromaque :*

, Pour qui *sont ces serpents* qui sifflent *sur* vos têtes?

paraît imiter le sifflement des serpents.

4. L'harmonie imitative est-elle toujours un mérite dans les vers? — Tout le monde n'est pas d'accord sur la valeur des vers imitatifs. Malgré les éloges donnés par quelques critiques à cette recherche de voyelles et de consonnes, ce travail pénible donné tout entier au triage des syllabes paraît une occupation puérile et de petit effet.

5. Que faut-il juger alors de l'harmonie imitative? — C'est que, dans quelques circonstances, les poëtes ou les orateurs n'ont pas été fâchés de rencontrer ces hasards heureux où le son s'accordait assez bien avec l'idée ; mais il ne faut pas croire qu'ils s'y sont attachés autant qu'on nous le dit, ni surtout qu'ils ont cherché ces effets.

6. Quel est le moyen le plus général et peut-être unique de l'harmonie imitative? — C'est le retour fréquent de la même lettre ou de la même syllabe.

7. Ce moyen est-il naturellement agréable? — Oui,

l'oreille paraît avoir souvent éprouvé un certain plaisir à cet effet, du moins on en trouve des exemples nombreux : 1° dans les mots du langage des enfants, qui, presque tous, se forment d'une syllabe redoublée ; 2° dans quelques noms de nations, comme *Barbares, Tatars, Berébères*, etc. ; 3° dans quelques mots imitatifs, comme *coucou, cricri, trictrac, olala !* etc. ; 4° dans quelques phrases populaires, et notamment dans de vieux proverbes.

EXERCICES.

15e SUJET.

M. de Piis a fait, sur l'*Harmonie imitative*, un poëme où l'on trouve un grand nombre de vers tels que les suivants, destinés à peindre un orage :

> Mais l'aquilon surtout, luttant contre les voiles,
> Quand on veut les hisser, se glisse entre leurs toiles,
> Les déchire aux regards du pilote irrité,
> Insulte avec constance à sa dextérité,
> Rompt la rame rebelle et le câble qui crie,
> Et sur les mâts tremblants redoublant de furie,
> Au fond d'un vaste gouffre entr'ouvert sous les eaux,
> Au regret de Plutus, enfonce les vaisseaux.

ANALYSE CRITIQUE.

Que pensez-vous de ces vers?

Ils n'ont d'abord aucune harmonie de langage. Quant à l'harmonie imitative, elle n'est pas même bien satisfaisante ; *les hisser, se glisser, déchire aux regards.... rompt la rame rebelle.... gouffre entr'ouvert*, etc.... sont d'un effet bien douteux et fort médiocre. Mais ce qui est surtout blâmable, ce sont les puérilités ou même les non-sens auxquels de Piis a été forcé de recourir pour produire ce misérable effet. L'aquilon *qui se glisse entre les toiles des voiles*; le pilote qui est *irrité* au lieu d'*effrayé*, qui a de la *dextérité* au lieu de *science* ou de *talent*; le vent qui *insulte avec constance* à cette *dextérité*, et enfin *enfonce les vaisseaux* dans un vaste gouffre, *au regret de Plutus* : il est impossible de rien lire de plus mauvais que ce fatras.

---

§§ 13 et 14. RESSEMBLANCE DES MOTS ET DÉCOMPOSITION.

QUESTIONS THÉORIQUES.

1. Qu'est-ce que l'imitation appliquée aux mots? — Cette figure consiste à réunir, à opposer ou à faire confondre des mots qui apportent à l'oreille un son semblable ou à peu près semblable.

2. Qu'appelle-t-on *homonymes* et *paronymes*? — Les mots qui se prononcent de même, comme *ancre* et *encre*, *antre* et *entre*, s'appellent *homonymes*; et ceux qui se prononcent à peu près de même, comme *portion* et *potion*, *amnistie* et *armistice*, sont des *paronymes*.

3. N'y a-t-il pas une figure qui les rapproche ou les confond? — Oui, et c'est à cette figure qu'il faut rapporter presque tous les jeux de mots connus sous le nom de *calembours*.

4. Qu'est-ce que les calembours? — Ce sont, en général, des équivoques ou des ambiguïtés fondées sur la ressemblance des sons.

5. Qu'est-ce que la *décomposition?* — C'est une figure qui consiste à séparer un mot en plusieurs parties, à en détacher une ou plusieurs syllabes, quelquefois pour les répéter, quelquefois pour les supprimer ou les opposer.

6. Donnez un exemple de la séparation des éléments d'un mot composé par un autre mot placé entre eux. — Racine a dit dans *les Plaideurs* : *Puis donc qu'on nous permet de prendre haleine....* Le mot *puisque* a été coupé en deux, et le mot *donc* mis entre ses deux parties.

7. Cette figure se trouve-t-elle souvent en français? — Non; cette décomposition, assez commune dans les langues anciennes, est au contraire très-rare chez nous.

EXERCICES.

16e SUJET.

M. de Bièvre disait qu'il ne connaissait pas de gens plus malheureux que les faiseurs d'allumettes. — Pourquoi cela? lui demanda-t-on. — C'est qu'ils *soufrent* pour tout le monde. A la vérité, ajoutait-il, les pâtissiers *pâtissent*. — Quoi que vous disiez d'eux, lui répondit-on, il y a des gens plus malheureux encore. — Et qui donc? dit de Bièvre. — Les bateliers, puisqu'ils les *passent*.

Le même homme parlait un jour sur la philosophie avec un abbé qui aimait beaucoup le jeu. Comme celui-ci paraissait ennuyé de la conversation : Je juge, lui dit de Bièvre, qu'à tous les philosophes vous préférez *Descartes* (des cartes).

ANALYSE.

Quelle figure y a-t-il dans ces phrases?

Il y a dans le premier conte deux calembours fondés sur l'homonymie : *soufrent* venu de *soufrer*, et *souffrent* de *souffrir*, se prononcent de même, ainsi que *pâtissent* venu de *pâtir*, et *pâtissent* de *pâtisser*. Quant au mot : *les bateliers* les *passent*, le calembour est fondé sur ce que le mot *passer* s'applique spécialement à ceux qui passent des voyageurs d'une rive à l'autre sur une rivière.

Dans le second conte, il y a un calembour par décomposition : *Descartes* en un seul mot est le nom d'un philosophe français; en deux mots, c'est le mot *cartes* précédé de l'article contracté *des*.

17e SUJET.

On a fait le quatrain suivant sur *Être et paraître*, comédie de Collin d'Harleville :

Chacun accourut pour connaître

Cet ouvrage prôné longtemps.
Las! on le vit en peu d'instants
Être, paraître et *disparaître.*

Quelle figure y a-t-il dans ce quatrain?

C'est la décomposition des syllabes de ces mots qui fait tout le
sel de cette épigramme. Le son *être* se retrouve dans *paraître*,
et le son *paraître* dans le mot *disparaître.* Ce vers rappelle d'ailleurs le peu de succès qu'a eu la pièce de Collin.

---

§ 15. OPPOSITION. — ANTITHÈSE.

1. Qu'est-ce que l'*opposition ?* — L'*opposition* est,
en général, une figure par laquelle on oppose des mots
de signification contraire.

2. Quel nom lui donne-t-on le plus souvent? — On
l'appelle *antithèse.*

3. Qu'est-ce que l'*antithèse?* — Cette figure consiste
à mettre en regard deux mots de sens opposé, par
exemple : *Vous êtes grand et je suis petit.*

4. Y a-t-il des antithèses qui tombent uniquement
sur les mots? — Oui, comme *faible* et *fort*, dans ces
phrases : *c'est là son faible, c'est là son fort*, où *faible*
et *fort* sont opposés comme mots, et ne le sont pas par
leur sens.

5. Que faut-il penser de l'antithèse des mots? —
L'antithèse des mots doit entraîner celle des pensées;
sans quoi cette figure serait peu estimable, puisqu'elle
se réduirait à un pur jeu de sons semblables.

EXERCICES.

18e SUJET.

Il n'y a point d'accidents si malheureux dont les habiles gens ne tirent quelque avantage, ni de si heureux que les imprudents ne puissent tourner à leur préjudice. (La Rochefoucauld, *Maximes*, mot *Accident*.)

ANALYSE.

Quelle figure y a-t-il dans cette phrase?

Il y a une antithèse entre les *accidents malheureux* et les *accidents heureux*; il y en a une autre entre les *habiles gens* et les *imprudents*; et une troisième entre *quelque avantage* et *leur préjudice*. Dans la première seule, les mots sont réellement opposés; dans les deux autres, c'est la pensée plutôt que les mots.

---

§ 16. POINTE.

QUESTIONS THÉORIQUES.

1. Qu'est-ce que la *pointe?* — La *pointe* proprement dite est une espèce d'antithèse qui consiste à rapprocher deux mots qui semblent s'exclure.

2. Donnez-en un exemple. — Cicéron a dit : « L'amitié nous rend *présents* les *absents*; elle *enrichit l'indigent*; elle *fortifie* la *faiblesse*, et elle fait *revivre* les *morts*. »

3. Le mot *pointe* se prend-il toujours dans ce sens? — Non; ce mot est devenu générique : on l'a appliqué à toutes les antithèses, ou plutôt encore à toute recherche d'esprit et à toute équivoque; et, dans ce sens, la pointe est devenue le nom d'un défaut insupportable.

4. N'y a-t-il pas encore une opposition de mots qu'on nomme *renversement?* — Oui, par cette figure, deux phrases font, pour ainsi dire, entre elles l'échange

des mots qui les composent, de manière que chacun se trouve à son tour à la même place et dans le même rapport où était l'autre.

19° SUJET.

Nous aimons toujours ceux qui nous admirent, et nous n'aimons pas toujours ceux que nous admirons. (La Rochefoucauld, *Maximes*, mot *Amitié*.)

ANALYSE.

Quelle figure y a-t-il dans cette maxime ?

Il y a dans les premiers membres de ces deux phrases une opposition évidente, *nous aimons toujours, nous n'aimons pas toujours*. Il y a dans les derniers cette sorte d'antithèse qu'on appelle *renversement* : ceux *qui nous admirent*, ceux *que nous admirons*.

20° SUJET.

Alexandre se servit admirablement bien de la discipline contre le nombre ; et s'il est vrai que la victoire lui donna tout, il fit aussi tout pour se procurer la victoire. (Montesquieu.)

ANALYSE.

Quelle figure y a-t-il dans cette phrase ?

La même que tout à l'heure, un renversement. La victoire est présentée dans la première partie comme *donnant tout*, et dans la seconde comme *donnée* ou *procurée* par *tout*.

21° SUJET.

Si l'aurore est un effet de la grossièreté de l'air et des vapeurs, l'arc-en-ciel se forme dans les pluies qui tombent en certaines circonstances ; et nous devons les plus belles choses du monde à celles qui le sont le moins. (Fontenelle, *les Mondes*, n° 3.)

ANALYSE CRITIQUE.

Dites quelle figure caractérise ce passage, et examinez-en la valeur.

C'est une pointe, et une pointe bien puérile, fondée sur l'opposition du plus ou du moins dans la beauté. — Fontenelle suppose que la grossièreté dans l'air et les pluies dans l'atmosphère sont des choses laides, ce qui n'est aucunement vrai; au contraire, l'aurore et l'arc-en-ciel sont des choses belles. C'est une opposition purement verbale, et qui ne satisfait aucunement la raison.

CHAPITRE V.

FIGURES DE CONSTRUCTION.

---

§ 17. INVERSION.

QUESTIONS THÉORIQUES.

1. Combien y a-t-il d'espèces de figures de construction ? — Les figures de construction se réduisent à quatre espèces principales : l'*inversion*, le *pléonasme*, l'*ellipse* et la *syllepse*.

2. Qu'est-ce que la *construction analytique ?* — Cette construction fait énoncer les mots selon l'état où l'esprit les conçoit. Elle suit ou la relation des causes aux effets, ou celle des effets aux causes; elle énonce d'abord l'objet ou le sujet, ensuite elle le qualifie selon les propriétés ou les accidents que les sens y découvrent ou que l'imagination y suppose. Enfin, comme elle a d'abord placé et qualifié le sujet, elle place l'attribut avec tous les qualificatifs qu'il peut recevoir.

3. Qu'est-ce qu'une *inversion ?* — Toute construction qui n'est pas rigoureusement conforme à la construction analytique est une *inversion*.

4. Emploie-t-on toujours dans ce cas le mot *inversion ?* — Lorsque cette inversion est habituelle dans une langue, on l'appelle *construction usuelle*.

5. Pour quoi réserve-t-on alors le nom d'*inversion?*
— On réserve ce nom pour les inversions qui ne sont
pas exigées par notre syntaxe.

6. Donnez un exemple d'inversion. — Bossuet dit :
« *Ainsi fait-il* voir au monde le néant de ses pompes et
de ses grandeurs; » pour : *Il fait voir ainsi.*

7. Toutes les inversions sont-elles bonnes? — Non,
il y a des inversions blâmables et de mauvais goût, qui
n'augmentent en rien l'harmonie du style, et ne font
que jeter dans le discours des tournures étranges et pénibles.

8. Où les inversions sont-elles fort utiles? — C'est
surtout dans les vers. La contrainte de la rime et de
la mesure nous a forcés d'y admettre certains ren-
versements qui y produisent le plus bel effet, et souvent ne seraient pas tolérables en prose.

9. Toutes les inversions sont-elles admises dans les
vers? — Non, sans doute : quoique les vers soient en
ce point beaucoup plus libres que la prose, toutes les
inversions n'y sont pas admises.

10. N'y a-t-il pas une inversion curieuse à remarquer
sur nos adjectifs? — Oui; c'est que quelques-uns de
nos adjectifs se placent tantôt avant, tantôt après leur
substantif, et qu'ils prennent dans ces deux positions
un sens différent.

11. Donnez un exemple de ce changement de sens?
— Un *honnête homme* est un homme plein de probité;
un *homme honnête* est un homme poli.

EXERCICES.

22ᵉ SUJET.

C'est dans ce lieu qu'habitaient tous les bons rois qui avaient
jusqu'alors gouverné sagement les hommes : ils étaient séparés

du reste des justes. Comme les méchants princes souffraient, dans le Tartare, des supplices infiniment plus rigoureux que les autres coupables d'une condition privée, aussi les bons rois jouissaient, dans les Champs-Élysées, d'un bonheur infiniment plus grand que celui du reste des hommes qui avaient aimé la vertu sur la terre. (Fénelon, *Télémaque*, liv. XIX.)

ANALYSE.

Quelle figure y a-t-il dans ce morceau ?

On y remarque surtout des inversions : *habitaient les bons rois*, pour *les bons rois habitaient*; qui *avaient jusqu'alors gouverné*, pour *gouverné jusqu'alors*; et dans la période à deux membres qui termine, le membre placé d'abord est celui qui, dans la construction analytique, devrait venir après l'autre, puisqu'il le détermine, et qu'il y est joint par la conjonction *comme*.

23ᵉ SUJET.

Boileau cite ces vers de Chapelain :

Ô grand prince, que grand dès cette heure j'appelle,
. . . .
A ton illustre aspect mon cœur se sollicite,
Et, grimpant contre mont, la dure terre quitte.
. . . .
De flèches, toutefois, aucune ne l'atteint.
. . . .
Grand cœur qui dans lui seul deux grands amours enserre.

ANALYSE CRITIQUE.

Dites quelle figure on trouve dans ces vers et ce que vous pensez de la construction.

Ces vers sont pleins d'inversions et ces inversions sont barbares : 1° *Que grand j'appelle* n'est pas français, il faudrait *que j'appelle grand*. 2° *La dure terre quitte* n'est pas intelligible en français, il faudrait *quitte la terre dure*, ou mieux *quitte la terre* sans épithète. 3° *De flèches aucune ne l'atteint* est en même temps une inversion barbare et un solécisme; il faudrait *aucune de ces flèches* et non *aucune de flèches*. 4° *Deux grands amours enserre* est une inversion aussi mauvaise que *la terre quitte*, il faudrait *enserre deux grands amours*.

§ 18. LA PARENTHÈSE.

QUESTIONS THÉORIQUES.

1. Qu'est-ce que la *parenthèse*, ou *insertion?* — C'est une sorte d'inversion qui nous fait jeter au milieu des mots d'une phrase une autre phrase ordinairement fort courte, qui ne tient à la première que par le sens et non par la syntaxe.

2. N'y a-t-il pas des parenthèses explicatives? — Oui : cela arrive toutes les fois qu'un mot ou une pensée qu'on n'a pas eu le temps d'expliquer d'abord a besoin de quelque éclaircissement.

3. Que faut-il pour que la parenthèse soit louable? — Elle doit toujours augmenter la clarté du discours. Dès qu'elle n'éclaircit rien du tout, elle n'est pas seulement inutile, elle embarrasse l'expression en pure perte, et il la faut rejeter.

4. Est-ce un bon style que celui où abondent les parenthèses? — Non ; car il faut être naturellement bien obscur pour avoir besoin de tant d'éclaircissements.

5. La répétition de la parenthèse n'a-t-elle pas un autre inconvénient? — Oui : c'est de nous faire confondre le principal avec l'accessoire, et, en nous faisant éclaircir des parenthèses par des parenthèses, de nous écarter indéfiniment de notre objet.

6. N'est-ce pas là le défaut de quelques personnes dans la conversation? — Oui ; c'est le propre de ces esprits bizarres qui, ne pouvant jamais suivre le droit chemin dans la question qu'ils discutent, s'accrochent sans cesse à quelques mots jetés incidemment dans la conversation, et en font de nouveaux sujets de discussion qu'ils ne suivent pas mieux que le premier.

EXERCICES.

24e SUJET.

La Fontaine commence ainsi sa fable des *Animaux malades de la peste* :

> Un mal qui répand la terreur,
> Mal que le ciel en sa fureur
> Inventa pour punir les crimes de la terre,
> La peste (puisqu'il faut l'appeler par son nom),
> Capable d'enrichir en un jour l'Achéron,
> Faisait aux animaux la guerre.

ANALYSE.

Quelle figure remarquez-vous dans ce début?

Il y a une parenthèse. Le poëte, après avoir désigné la peste par des qualificatifs, la nomme enfin, comme si son nom devait exciter plus d'horreur encore que toutes les expressions détournées dont il s'est servi, et sa parenthèse sert à marquer l'horreur que ce nom lui cause.

25e SUJET.

Guiraud, dans sa pièce du *Petit Savoyard*, fait ainsi parler la mère de cet enfant, qui veut la quitter pour venir à Paris :

> Que feras-tu, mon fils, si Dieu ne te seconde,
> Seul parmi les méchants (car il en est au monde)?

ANALYSE CRITIQUE.

Que pensez-vous de cette parenthèse?

Elle est parfaitement inutile. A qui a-t-on besoin de dire qu'il y a des méchants dans le monde? S'il n'y en avait pas, le mot ne serait pas même inventé. Guiraud a voulu dire sans doute : Prends bien garde aux méchants, car il y en a beaucoup, etc.; — mais la forme qu'il a donnée à cette pensée la rend aussi ridicule qu'insignifiante.

§ 19. JANOTISME. — GALIMATIAS.

QUESTIONS THÉORIQUES.

1. Qu'est-ce que les *inversions forcées?* — Ce sont celles dans lesquelles on a de la peine à reconnaître les rapports exprimés entre les mots. C'est un défaut de style assez commun dans les langues anciennes. Il est extrêmement rare en français.

2. A quels défauts conduisent ces inversions? — Pour peu qu'elles soient continuées, elles conduisent au *janotisme* et au *galimatias.*

3. D'où vient le nom de *janotisme?* — Il est ainsi nommé des *janots* qui font la parade sur les tréteaux, et qui affectent souvent un style ridiculement inintelligible, soit pour divertir leurs auditeurs, soit par suite de l'incohérence de leurs idées.

4. En quoi consiste le janotisme? — Ce vice de langage consiste à établir toujours entre les mots des relations qui ne peuvent raisonnablement subsister, et cela par des inversions telles qu'on aperçoit facilement la correction qu'il y faudrait faire.

5. Qu'est-ce que le *galimatias?* — Le *galimatias* est encore pire que le *janotisme :* c'est le nom générique de tout discours qui n'a pas de sens, que ce défaut vienne de l'ignorance de l'auteur, de l'incohérence de ses idées ou de la mauvaise construction de ses phrases. Cette mauvaise construction est ce qui nous occupe spécialement ici.

EXERCICES.

26e SUJET.

Dans la pièce de La Fontaine, intitulée *Ragotin,* on trouve les vers suivants :

J'ai fait provision d'un Saint-Laurent fumeux
Pour agréablement achever la journée.
....
Avocat *plus couvert qu'un jambon de lauriers*,
J'ai toujours dans le vin conçu mes plaidoyers.
.... Lui-même il m'a planté
Un *coude dans le creux de l'estomac terrible*.
....
Nos desseins *d'être sus* pourraient *courir hasard*.
....
Autant qu'Argus eut d'yeux, je voudrais des oreilles
Pour *de ce grand ouvrage entendre* les merveilles.
....

ANALYSE CRITIQUE.

Que faut-il penser de ces vers? Dites ce que vous y trouvez à reprendre.

Ce sont des exemples de janotisme. *Pour agréablement achever* ne se dit pas ; il faudrait *pour achever agréablement*. *Plus couvert qu'un jambon de lauriers* forme une construction ridicule : il faudrait *plus couvert de lauriers qu'un jambon*. L'autre vers, il *m'a planté un coude dans le creux de l'estomac terrible*, est difficile à comprendre ; c'est presque du galimatias. Le sens est *il m'a planté un terrible coude dans le creux de l'estomac*. Le vers qui vient après n'est pas bien construit. La Fontaine veut dire *mes desseins pourraient courir le hasard* (le risque) *d'être sus*. Mais, sans l'article, *courir hasard d'être sus* est à peine français ; et avec l'inversion, on le comprend difficilement. Le dernier vers est du janotisme pur. Tout le monde comprend ce qu'il veut dire ; mais on sent en même temps qu'il faudrait : *pour entendre les merveilles de ce grand ouvrage.*

---

§ 20. PLÉONASME. — PLÉONASMES FAISANT SOLÉCISMES. — CONJONCTION.

QUESTIONS THÉORIQUES.

1. Qu'est-ce qu'on appelle *pléonasme ?* — C'est une figure par laquelle on ajoute à la phrase un mot inutile pour le sens.

2. Tous les pléonasmes sont-ils blâmables? — Non;
si le pléonasme est indifférent pour le sens étroit de la
phrase, il peut ne l'être ni pour l'expression, ni pour
l'harmonie; il peut donner aux phrases une force
qu'elles n'auraient pas sans lui.

3. Quand le pléonasme est-il mauvais et à rejeter?
— Lorsqu'il ajoute des mots qui ne servent à rien, ni à
l'élégance, ni à la clarté, ni à la force du style.

4. Donnez un exemple de pléonasme blâmable.—*J'ai
mal à ma tête* est une mauvaise locution : l'adjectif *ma*
exprime une relation de propriété, et cette relation est
déjà évidente par les mots *j'ai mal*, puisqu'on ne peut
pas avoir mal à la tête d'un autre. Il y a donc sur-
abondance inutile, véritable superfluité dans le mot
ma, et il faut dire : *J'ai mal à la tête.*

4. N'y a-t-il pas une sorte de pléonasme plus blâmable encore que celui dont nous venons de parler? —
Oui; il consiste à redoubler inutilement et contraire-
ment à la syntaxe l'expression de quelque rapport.

6. Donnez un exemple. — Dans ce vers de Boileau,
poëte d'ailleurs si correct :

C'est *à vous*, mon esprit, *à qui* je veux parler,

la répétition de la proposition *à* est une grosse faute.

7. Comment doit-on nommer ces pléonasmes? —
Tous ces pléonasmes, et d'autres du même genre, sont
de véritables solécismes.

8. N'y a-t-il pas une sorte de pléonasme fort usitée
dans les énumérations? — Oui ; ce pléonasme consiste
à répéter une conjonction plus souvent que ne l'exige
l'ordre grammatical.

9. Donnez-en un exemple. — Telle est cette phrase
d'Amyot : « Ce n'est pas à celui qui ne sait rien d'en-
seigner, *ni* à celui qui est déréglé de ranger, *ni* à celui

qui est désordonné d'ordonner, *ni* à celui qui ne sait obéir de commander. »

27e SUJET.

Je sens que ma raison est bien faible, et ma volonté bien exposée aux piéges de l'orgueil et des passions, pour pouvoir trouver un milieu précis, et pour y demeurer toujours ferme quand je l'aurai trouvé. Mais enfin je ne saurais, par mes seules forces naturelles, me faire moi-même ni plus pénétrant, ni plus patient dans mes recherches, ni plus exact dans mes raisonnements, ni plus égal dans mes bonnes dispositions, ni plus précautionné contre l'orgueil, ni plus incorruptible en faveur de la vérité que je le suis. Je n'ai que moi-même pour cet examen; et c'est de moi-même que je me défie sincèrement, sur une infinité d'expériences malheureuses que j'ai de la précipitation de mes jugements et de la corruption de mon cœur. Que me reste-t-il à faire dans cette impuissance? (Fénelon, *Lettres sur la religion.*)

ANALYSE.

Y a-t-il ici quelque pléonasme?

Oui, dans la phrase *mais enfin je ne saurais*, etc., il y a six sections unies par la conjonction *ni*, répétée six fois, lorsque l'auteur aurait pu ne la mettre qu'une fois entre les deux derniers membres.

28e SUJET.

La Fontaine, dans sa comédie de *Ragotin*, dont le style est fort négligé, a mis les vers suivants :

.... Avez-vous vu *toute* la troupe *entière?*
. . . .
Je *n'en* dis pas *de même*, et votre bras trop prompt
M'a donné de la porte un rude coup au front.
. . . .
Adieu; je sors sans faire *aucun* semblant *de rien.*
. . . .
Mais comme en m'*approchant* si souvent *auprès* d'elle.
. . . . Cette charmante fille
S'est *de son propre pied* disloqué la cheville.
. . . . J'ai *sa même* voix,
J'ai *tout son même ton*, comme elle je déclame.

2.

ANALYSE CRITIQUE.

Que faut-il penser de ces vers?

Ils sont déparés par de fort mauvais pléonasmes que la contrainte des vers ne peut excuser. *Toute la troupe entière* ne vaut rien; il faut dire seulement *toute la troupe* ou *la troupe entière; je n'en dis pas de même* est un solécisme. *En* n'est pas construit avec *je dis*, et il est de trop. *Aucun semblant de rien* ne vaut pas mieux : on dit *sans faire semblant de rien. Aucun* avec *rien* fait un double emploi fort inutile. *M'approchant auprès d'elle* est évidemment mauvais; il faudrait *m'approchant d'elle....* *S'est disloqué la cheville de son pied*, est encore blâmable; il faut dire la *cheville du pied*, puisque le verbe réfléchi exprime suffisamment la possession. *Sa même voix, tout son même ton*, offrent le même défaut; il faut dire *j'ai sa voix, j'ai son ton* ou *tout son ton. Même* ne signifie rien ici.

———

§ 21. ELLIPSE.

QUESTIONS THÉORIQUES.

1. Qu'est-ce que l'*ellipse ?* — C'est le contraire du pléonasme : c'est une figure qui consiste à supprimer quelques mots qui seraient nécessaires dans la construction pleine de la phrase.

2. Donnez un exemple d'ellipse. — C'est ainsi que nous disons : *A bon entendeur demi-mot;* c'est-à-dire : *Un* demi-mot *suffit* à un bon entendeur.

3. Quels sont les avantages de l'ellipse? — L'ellipse jette presque toujours une grande rapidité dans le discours. Une passion violente nous fait supprimer une multitude d'idées intermédiaires pour arriver plus vite à celles qui nous frappent le plus.

4. L'ellipse est-elle toujours bonne? — L'ellipse est presque toujours louable dans l'usage d'une langue, lorsque le sens reste parfaitement clair après le retranchement.

5. Les ellipses sont-elles toutes commandées par l'u-

sage de la langue ? — Non ; il y a des ellipses qui , parce qu'elles appartiennent à telle ou telle phrase de tel auteur, semblent être des exceptions à la forme générale du langage. C'est à elles qu'on a spécialement appliqué le nom d'*ellipses* : elles sont, en effet, proprement des figures de construction.

EXERCICES.

29e SUJET.

Mais pourquoi réveiller une douleur que le temps semblait avoir assoupie ? Pourquoi renouveler en ce jour des funérailles qui nous ont déjà coûté tant de larmes ? Ah ! que ceux qui ont perdu l'espérance de l'immortalité cherchent à oublier les morts, et qu'ils s'épargnent l'inutile douleur de pleurer sur une cendre insensible ; mais nous qui croyons à l'immortalité , mais nous qui avons les présages les plus consolants sur la destinée éternelle de l'ami que nous pleurons, comment voudrions-nous oublier celui que nous avons aimé, celui qui est vivant et immortel devant Dieu, celui dont le souvenir doit nous remplir de consolation ? Doux souvenir d'un ami qui a expiré au sein de la foi et de la vertu ! Larmes délicieuses ! aimable tristesse, plus chère aux âmes vertueuses et sensibles que toutes les joies du siècle ! (L'abbé de Beauvais, *Oraison funèbre de Mgr de Broglie, évêque de Noyon.*)

ANALYSE.

Indiquez les ellipses comprises dans ce morceau.

Il y en a plusieurs, savoir :

1°. *Pourquoi réveiller, pourquoi renouveler*, etc. Il y a ici un verbe sous-entendu à un mode défini, *pourquoi venons-nous réveiller*, etc.

2°. *Que ceux qui ont perdu…. cherchent*, etc. Ce subjonctif doit être régi par un verbe sous-entendu, *je comprends que ceux*, etc.

3°. *Qu'ils s'épargnent*, etc. Même explication.

4°. *Celui qui est vivant, celui dont le souvenir*, etc. Il faut sous-entendre devant ces phrases les mots *comment voudrions-nous oublier* exprimés dans le membre de phrase précédent.

5°. *Doux souvenir d'un ami*, etc. La phrase est incomplète, puisqu'il n'y a pas de verbe : on la complète en suppléant quelques mots, comme *c'est le doux souvenir*, etc. On remarque qu'en ajoutant ces mots, l'expression perd sa rapidité et son énergie.

6°. *Larmes délicieuses !* Même explication.

7°. *Aimable tristesse*, etc. Même explication.

---

§§ 22 ET 23. ABUS DE L'ELLIPSE. — DISJONCTION.

QUESTIONS THÉORIQUES.

1. N'est-il pas facile d'abuser de l'ellipse ? — Oui ; on en abuse, en effet, toutes les fois qu'elle produit quelque obscurité, par conséquent toutes les fois qu'on supprime un ou plusieurs mots que l'auditeur ne supplée pas facilement.

2. Cette suppression des mots ou des idées intermédiaires n'est-elle pas un des plus grands vices de langage ? — Oui ; on lui donne quelquefois le nom d'*incohérence, inconséquence dans les idées*.

3. N'emploie-t-on pas un autre terme ? — Nous employons aussi, et surtout avec une intention moqueuse, le nom de *coq-à-l'âne*, qui se prend pour un discours dont les parties ne se rapportent pas les unes aux autres.

4. Est-ce là un défaut commun ? — Non ; les *coq-à-l'âne* sont un défaut si détestable, qu'il est très-rare d'en trouver des exemples chez les écrivains de profession, à moins qu'ils ne fassent exprès de les réunir ; mais ils se rencontrent quelquefois dans la conversation.

5. Notre langue n'admet-elle pas une inconséquence singulière dans les questions relatives à la date des années ou des jours, ou à la désignation des heures ? — Oui ; nous interrogeons toujours par l'adjectif *quel*, qui, dans son sens propre, ne se devrait rapporter qu'à la qualité, et nous répondons par le nombre cardinal, qui ne peut jamais correspondre à *quel*.

6. Qu'est-ce que la *disjonction ?* — C'est une sorte

d'ellipse par laquelle on retranche les conjonctions qui doivent unir les parties d'une phrase.

7. **Donnez un exemple.** — Voltaire a dit dans la *Henriade :*

> Français, Anglais, Lorrains, que la fureur rassemble,
> Avançaient, combattaient, frappaient, mouraient ensemble.

EXERCICES.

30ᵉ SUJET.

Antonin, dès lors, devint pour lui (Marc Aurèle) un nouveau maître qui l'instruisait à de plus grandes vertus. Le sang des hommes respecté, les lois florissantes, Rome tranquille, l'univers heureux, telles furent les nouvelles leçons que Marc Aurèle reçut pendant vingt ans. (Thomas, *Éloge de Marc Aurèle.*)

ANALYSE CRITIQUE.

Que remarquez-vous dans cette dernière phrase : *Le sang des hommes,* etc.?

Il y a évidemment une ellipse ; mais cette ellipse n'est pas naturelle, et la phrase reste fort obscure ; car *le sang des hommes, les lois florissantes,* ne peuvent pas être des *leçons.* Thomas veut dire qu'Antonin apprit à Marc Aurèle à *respecter* le sang des hommes, à *faire fleurir* les lois, à *tenir* Rome tranquille, à *rendre* l'univers heureux ; ou bien que *le sang des hommes respecté, les lois florissantes,* etc., donnaient un exemple qui servait de leçon. Dans tous les cas, l'ellipse est excessive, et la phrase n'est pas à imiter.

31ᵉ SUJET.

Menu, délié, mince. — Le *menu* n'a quelquefois rapport qu'à la grosseur dont il manque, et d'autres fois il en a à la grandeur en tous sens ; le *délié* n'est opposé qu'à la grosseur, supposant toujours une sorte de longueur ; le *mince* n'attaque que l'épaisseur, pouvant beaucoup avoir des autres dimensions. Ainsi on dit : *une jambe et une écriture menue ; un fil délié ; une planche et une étoffe mince.* (Girard, *les Synonymes français.*)

ANALYSE CRITIQUE.

Que pensez-vous de ce style? et si vous y trouvez quelque chose à reprendre, dites-le tout vertement.

C'est du galimatias, non pas dans la pensée de l'auteur, mais à cause de la tournure elliptique qu'il y a mise en usage. Il a partout confondu le mot avec la qualité qu'il indique. De là ces phrases incompréhensibles : le *menu a rapport à la grosseur dont il manque*; Girard veut dire que le mot *menu* a rapport à la grosseur dont l'objet manque; car il est absurde de croire que *il* dans *il manque* désigne le mot *menu* comme il est désigné au commencement. De même, dans le *délié n'est opposé qu'à la grosseur*, il faut entendre le mot : *délié* signifie la qualité de ce qui n'a pas de grosseur, ou le *délié*, c'est ce qui n'est pas gros. Le *mince attaque l'épaisseur* n'a pas plus de sens. Girard a voulu dire : le mot *mince* s'applique à ce qui n'a pas d'épaisseur, ou le *mince* est ce qui n'est pas épais. Mais on voit dans quel galimatias l'a entraîné le désir d'abréger ses phrases, et la suppression de mots différents pour exprimer des idées diverses.

---

§ 24. ELLIPSE D'UN MOT EXPRIMÉ AUPARAVANT.

QUESTIONS THÉORIQUES.

1. N'y a-t-il pas une sorte d'ellipse par laquelle un ou plusieurs mots exprimés dans une phrase sont sous-entendus dans une autre? — Racine, dans *Andromaque*, fait dire à Hermione :

> *Je renonce* à la Grèce, à Sparte, à mon empire,
> A ma famille.

Les mots *je renonce* sont sous-entendus dans les trois derniers membres de phrase.

2. Donnez un exemple d'une double ellipse. — En voici une aussi élégante que concise; elle est de l'abbé Delille :

> *Un précepte est* aride, *il le* faut embellir;
> Ennuyeux, l'égayer; vulgaire, l'ennoblir.

L'expression pleine serait : *Un précepte est* ennuyeux , *il le faut* égayer ; *un précepte est* vulgaire, *il le faut en-noblir.*

3. Quelquefois le mot sous-entendu ne doit-il pas être suppléé avec quelque changement de genre, de nombre, de personnes , etc. ? — Oui ; par exemple, Racine dit, dans *Athalie :*

> Armez-vous d'un courage et d'une foi *nouvelle :*

ici *nouveau,* qui devrait être après *courage ,* est indiqué par *nouvelle* après *foi.*

4. Ne risque-t-on pas de faire des fautes considérables en employant cette figure ? — Oui, quand le sens du mot sous-entendu semble altéré dans sa nature intime, et non plus seulement dans ses modifications.

5. Donnez un exemple. — On lit dans le *Mercure galant,* de Boursault :

> Mais, dans tous mes écrits, jamais aucun appas
> Ne m'a fait *anoblir* ce qui ne *l'était* pas ;

c'est-à-dire ce qui n'était pas noble.

6. Donnez un autre exemple. — On lit dans l'*Histoire de Port-Royal,* de Racine : « Elle fit *fermer* de bonnes murailles son abbaye, qui ne *l'était* auparavant que d'une méchante clôture de terre ; » c'est-à-dire qui n'était *fermée.*

7. Sont-ce là des phrases correctes? — Non ; l'incorrection de ces phrases est évidente ; une langue logique et claire comme la nôtre ne saurait supporter ces ellipses. Aussi sont-elles avec raison signalées par les grammairiens comme des fautes grossières.

———

EXERCICES.

32ᵉ SUJET.

On l'arracha (Marc Aurèle) de Rome et de la cour : on craignit pour lui un spectacle funeste. Eh! comment dans Rome, où tous les vices se rassemblent des extrémités de l'univers, aurait pu se former une âme qui devait être austère et pure? Eût-il appris à dédaigner le faste, où le faste corrompt jusqu'à la pauvreté? A mépriser la richesse, où la richesse est la mesure de l'honneur? A devenir humain, où tout ce qui est puissant écrase tout ce qui est faible? A avoir des mœurs, où le vice a même perdu la honte? (Thomas, *Éloge de Marc Aurèle.*)

ANALYSE.

Indiquez les figures de mots et de construction qui se trouvent dans ce texte.

1°. Une inversion, *comment eût pu se former*, etc.

2°. Une répétition est une antithèse, *dédaigner le faste* ou *ce faste....*

3°. Une ellipse ou une suite d'ellipses, *à mépriser.... à devenir.... à avoir....* Tous ces mots sont régis par *eût-il appris*, exprimés précédemment.

4°. Une suite d'ellipses, de répétitions et d'antithèses formant gradation, *eût-il appris... perdu la honte?*

33ᶜ SUJET.

La raison elle-même nous enseigne les vérités fondamentales de la religion : par exemple, que nous sommes l'ouvrage d'un être supérieur et très-habile; que notre raison est redressée par une raison plus certaine, qui est la conscience, etc. Faites sur ce sujet plusieurs petites phrases liées entre elles par un commencement de phrase sous-entendu, pour donner plus de rapidité au style.

COMPOSITION.

On n'a rien de solide à opposer aux vérités de la religion. Il y en a un grand nombre des plus fondamentales qui sont conformes à la raison. On ne les rejette que par orgueil, que par un libertinage d'esprit, que par le goût des passions et par la crainte de subir un joug trop gênant. Par exemple, il est facile de voir que nous ne nous sommes pas faits nous-mêmes; que nous avons commencé à être ce que nous n'étions pas ; que notre corps, dont la machine est pleine de ressorts si bien concertés, ne peut être que l'ouvrage d'une puissance et d'une industrie merveilleuses ; que l'univers découvre dans toutes ses parties l'art de l'ouvrier suprême qui l'a formé ; que notre faible raison est à tout moment redressée au dedans de nous par une autre raison supérieure que nous consultons et qui nous corrige, que nous ne pouvons changer parce qu'elle est immuable, et qui nous change parce que nous en avons besoin. Tous la consultent en tous lieux. (Fénelon, *Lettres sur la religion.*)

34e SUJET.

Fontenelle aura toujours plus de lecteurs et plus d'amis parmi ses lecteurs. L'*Essai sur les grands* ne dut pas en faire à d'Alembert.... L'exacte raison met tout à sa place ; mais c'est l'enthousiasme qui fait qu'on en mérite une. (La Harpe, *Correspondance littéraire*, n° 197.)

ANALYSE CRITIQUE.

Trouvez-vous ces phrases bien construites ?

Non. On ne sait à quoi se rapporte *en* dans *ne dut pas en faire à* d'Alembert : est-ce à *lecteurs*, à *amis* ou à *grands*? La suite montre que c'est *à amis* ; mais la phrase n'est pas moins louche. On ne comprend pas mieux le sens de *en* dans *on en mérite une*. C'est sans doute *une place* ; mais ce mot est pris ici dans le sens de *une place excellente*, et dans la première phrase il signifie une *place quelconque*; c'est donc une mauvaise ellipse.

§ 25. SYLLEPSE.

QUESTIONS THÉORIQUES.

1. Qu'est-ce que la *syllepse?* — C'est une figure par laquelle, quand deux mots sont en concordance, on rapporte le déterminant au sens, et non à la forme du déterminé.

2. Donnez un exemple. — Lorsque nous disons : *la plupart des auteurs pensent*, etc., nous mettons *pensent* au pluriel, quoique son sujet, *plupart*, soit au singulier ; mais comme il représente une multitude, le sens de ce mot nous emporte, pour ainsi dire, malgré nous, et nous construisons le verbe non selon la forme grammaticale de son sujet, mais selon son sens : c'est une *syllepse*.

3. Sur quoi peut tomber la *syllepse ?* — La syllepse peut tomber sur tous les accidents de grammaire, mais particulièrement sur le genre, sur le nombre, ou sur ces deux modifications à la fois.

4. Comment distingue-t-on les syllepses ? — On distingue les *syllepses dans le genre*, les *syllepses dans le nombre*, et les *syllepses dans le genre et dans le nombre*.

5. Donnez un exemple de syllepse dans le genre. — Dans le *Misanthrope*, Arsinoé répond à Célimène :

> A quoi qu'en reprenant *on* soit *assujettie*,
> Je ne m'attendais pas à cette repartie.

Assujettie est au féminin, quoiqu'il se rapporte à *on*, qui est du masculin, parce que, en effet, c'est une femme, c'est elle-même qu'Arsinoé désigne sous ce mot : elle lui donne donc le genre de l'objet qu'elle veut exprimer, et non celui que la grammaire lui assigne.

6. Donnez un exemple de syllepse dans le nombre. — Dans *Athalie*, le grand prêtre dit au petit roi Joas :

> Entre *le pauvre* et vous vous prendrez Dieu pour juge,
> Vous souvenant, mon fils, que, caché sous ce lin,
> Comme *eux* vous fûtes pauvre, et comme *eux* orphelin.

Le pluriel *eux* n'a qu'un antécédent au singulier : *le pauvre*; mais *le pauvre* est ici pris en général pour *les pauvres*; il a donc un sens pluriel, et justifie cette syllepse dans le nombre.

7. Citez une syllepse plus hardie encore de la *Henriade*. — Voltaire a dit :

> Au bruit de son trépas, *Paris* se livre en proie

Aux transports odieux de sa coupable joie ;
De cent cris de victoire *ils* remplissent les airs ;

Ils, c'est-à-dire les *Parisiens* ; mais on n'a nommé que
Paris : il faut donc que ce mot contienne en lui le sens
des autres.

CHAPITRE VI.

LES TROPES.

---

§ 26. TROPES EN GÉNÉRAL — MÉTAPHORE.

QUESTIONS THÉORIQUES.

1. Sur quoi les *tropes* peuvent-ils tomber ? — Les
tropes peuvent tomber sur des mots ou sur les phrases
entières. De ce dernier genre sont l'*allégorie* et l'*allusion*, et tout ce qui en dépend.

2. Comment range-t-on les *tropes de mots ?* — Les
tropes de mots se rangent sous quatre espèces principales : la *métaphore*, la *catachrèse*, la *métonymie*, la
synecdoque.

3. Que signifie le nom de *métaphore ?* — Ce nom signifie *translation*, parce que par elle on transporte un
mot d'un sens à un autre.

4. Qu'est-ce que la métaphore ? — La métaphore
est une comparaison abrégée. Ainsi, que l'on dise d'un
guerrier qu'il est *comme un lion*, ou *semblable à un
lion*, c'est une comparaison ; dites que ce guerrier *est
un lion* dans les combats, c'est une métaphore.

5. Cette figure est-elle très-usitée ? — Aucune figure n'est plus naturelle que la métaphore : c'est de tous les tropes, sans comparaison, le plus fréquemment employé et le plus beau.

6. Que dit Voltaire à ce sujet ? — « Dans toutes les langues, le cœur *brûle*, le courage *s'allume*, les yeux *étincellent*, l'esprit est *accablé*, il se *partage*, il s'*épuise*; le sang se *glace*, la tête se *renverse*; on est *enflé* d'orgueil, *enivré* de vengeance ; la nature se peint partout dans ces images fortes, devenues ordinaires ; » et ce sont autant de métaphores.

EXERCICES.

35e SUJET.

Que l'homme dirige la marche de son esprit sur un objet quelconque ; s'il voit juste, il prend la ligne droite, parcourt le moins d'espace et emploie le moins de temps possible pour atteindre à son but ; combien ne lui faut-il pas déjà de réflexions et de combinaisons pour ne pas entrer dans les lignes obliques, pour éviter les fausses routes, les culs-de-sac, les chemins creux, qui tous se présentent les premiers et en si grand nombre, que le choix du vrai sentier suppose la plus grande justesse de discernement ; cela cependant est possible, c'est-à-dire n'est pas au-dessus des forces d'un bon esprit ; il peut marcher droit sur sa ligne et sans s'écarter ; voilà sa manière d'aller la plus sûre et la plus ferme : mais il va sur une ligne pour arriver à un point ; et s'il veut saisir un autre point, il ne peut l'atteindre que par une autre ligne : la trame de ses idées est un fil délié, qui s'étend en longueur sans autres dimensions : la nature, au contraire, ne fait pas un seul pas qui ne soit en tous sens ; en marchant en avant, elle s'étend à côté et s'élève au-dessus ; elle parcourt et remplit à la fois les trois dimensions ; et tandis que l'homme n'atteint qu'un point, elle arrive au solide, en embrasse le volume et pénètre la masse dans toutes leurs parties. (Buffon.)

ANALYSE.

Montrez les métaphores qui se trouvent dans ce passage.

Toutes les phrases sont métaphoriques.

1º. *L'homme dirige la marche de son esprit ;* un esprit au propre ne marche pas ; il ne va pas sur un objet.

2º. *Il prend la ligne droite.*

3º. *Il n'entre pas dans les lignes obliques.*

4º. *Il évite les fausses routes*, etc. Tout cela au propre ne peut être vrai : ce sont autant de métaphores tirées de la marche d'un homme dans une contrée inconnue, à laquelle on assimile les actes de l'esprit.

5º. *Le choix du vrai sentier....* c'est la suite de la même figure.

6º. *La trame de ses idées est un fil délié*, autre métaphore empruntée de l'art du tisserand.

7º. *La nature, au contraire*, etc...., dernière métaphore tirée de la géométrie, et qui fait ressortir, par la comparaison du solide avec la ligne, la supériorité de la puissance de Dieu sur celle de l'homme.

----

§§ 27 ET 28. EMPLOI DES MÉTAPHORES, PERSONNIFICATION.

QUESTIONS THÉORIQUES.

1. N'y a-t-il pas quelques règles sur l'emploi des métaphores ? — Oui ; les métaphores sont si communément employées, elles se représentent si souvent dans le discours, que les conseils relatifs à leur emploi sont fort utiles.

2. Que doit-on penser de l'abus de ce trope ? — Il n'en faut pas abuser, car si l'usage modéré et fait à propos de ce trope orne et embellit le discours, l'abus de cette figure l'obscurcit et le rend insupportable.

3. Que faut-il dire sur les analogies et les images ? — Il faut tâcher que les analogies soient naturelles, que les images n'aient rien de forcé ou ne soient pas tirées de trop loin.

4. Ne faut-il pas éviter la bassesse ? — Ce n'est pas
assez d'éviter les métaphores tirées de trop loin, il faut
fuir aussi le défaut contraire qui nous les ferait prendre
de choses communes ou triviales.

5. Ne dit-on rien sur la convenance des images entre
elles ? — On doit tâcher que les métaphores qui se suivent et dépendent les unes des autres soient tirées de
choses qui puissent exister ensemble.

6. Donnez un exemple d'incohérence dans les métaphores. — Plusieurs, après avoir fait rouler leur métaphore sur la tempête, finissent par des termes pris
d'une ruine ou d'un incendie. C'est un manque de suite
des plus honteux.

7. Comment appelons-nous les métaphores qui présentent ce défaut ? — Nous désignons en français ces
métaphores vicieuses sous les noms d'*images* ou *comparaisons incohérentes*.

8. Donnez-en un exemple. — J.-B. Rousseau dit
dans une de ses odes, que les tièdes zéphyrs ont *fondu
l'écorce* des eaux. Il s'agit de la glace qu'il compare à
une écorce ; et déjà cette image n'est pas très-heu-
reuse. Mais ce qui est surtout inadmissible, c'est la
fusion de l'écorce : une écorce brûle, et ne fond pas.

9. Qu'est-ce que la *personnification ?* — La *personnification* est une sorte de métaphore par laquelle on
prête à des êtres inanimés des passions ou des sentiments qui ne peuvent, au propre, appartenir qu'à l'espèce humaine.

10. En quoi consiste la personnification ? — Elle
consiste souvent dans un seul mot. Quand le Psalmiste
dit : « La terre s'est *émue* à la face du *Dieu* de Jacob, »
il personnifie la terre en lui prêtant un sentiment de
terreur que l'homme seul peut éprouver.

EXERCICES.

36ᵉ SUJET.

Et sur quoi vous fondez-vous donc, mes frères, pour croire votre dernier jour si éloigné? Est-ce sur votre jeunesse? — Oui, répondez-vous, je n'ai encore que vingt ans, que trente ans. — Ah! vous vous trompez du tout au tout. Non, ce n'est pas vous qui avez vingt ou trente ans : c'est la mort qui a déjà vingt ou trente ans d'avance sur vous, trente ans de grâce que Dieu a voulu vous accorder en vous laissant vivre, que vous lui devez et qui vous ont rapprochés d'autant du terme où la mort doit vous achever. Prenez-y garde, l'éternité marque déjà sur votre front l'instant fatal où elle va commencer pour vous. (Bridaine.)

ANALYSE.

Quelles figures remarque-t-on dans ce passage?

On remarque d'abord une très-belle antithèse. *J'ai vingt ans.... non ce n'est pas vous.... c'est la mort qui....*

Il y a encore la métaphore des ans qui nous rapprochent du terme, métaphore prise d'une carrière où l'on court.

Il y a enfin les deux belles personnifications de la mort qui nous devance et nous achève, et de l'éternité qui commence à nous marquer au front.

37ᵉ SUJET.

Montrez par de vives métaphores, et, s'il le faut, par des personnifications, que tout n'est que mort ici-bas, que la vie ne dure qu'un instant.

COMPOSITION.

Tout n'est que mort ici-bas; le genre humain tombe en ruine de tous côtés à nos yeux; il s'est élevé un monde nouveau sur les ruines de celui qui nous a vus naître; et ce nouveau monde, déjà vieilli, est prêt à disparaître : chacun de nous meurt insensiblement tous les jours; l'homme, comme l'herbe des champs, fleurit le matin, le soir il languit, il se dessèche, il est flétri, et il est foulé aux pieds. Le passé n'est qu'un songe, le présent nous échappe dans le clin d'œil où nous voulons le voir; l'avenir n'est point à nous; peut-être n'y sera-t-il jamais; et quand il y serait, qu'en faudrait-il croire? Il vient, il s'approche, le voilà, il n'est déjà plus; il est

48 CHAPITRE VI.

tombé dans cet abîme du passé où tout s'engouffre et s'anéantit
(Fénelon, *Entretiens affectifs.*)

38e SUJET.

Un flot naît d'une ride : il murmure, il sillonne
L'azur muet encor de l'abîme assoupi;
Il roule sur lui-même, il s'allonge, il s'abîme;
    Le regard le perd un moment.
Où va-t-il? Il revient, revomi par l'abîme;
Il dresse en mugissant sa bouillonnante cime;
Le jour semble rouler sur son dos écumant;
Il entraîne en passant les vagues qu'il écrase,
S'enfle de leurs débris, et bondit sur sa base;
Puis, enfin, chancelant comme une vaste tour,
Ou, comme un char fumant brisé dans la carrière,
    Il croule, et sa poussière
    En flocons de lumière
Roule et disperse au loin tous ces fragments du jour.

ANALYSE CRITIQUE.

Examinez et appréciez le style de ce morceau.

Il ne s'agit que du style, et non des pensées, qui sont toutes
fausses et contraires à ce que la nature et l'observation nous montrent. Nous laissons donc le fond des choses de côté pour ne nous
occuper que des mots, de leur convenance et de leur arrangement.

1°. *Il sillonne l'azur muet.* Comment peut-on sillonner l'azur
qui est une couleur? Et comment cette couleur est-elle muette? Ce
sont des métaphores disparates.

2°. *L'abîme assoupi*, personnification contradictoire et impossible. On peut dire que *la mer, les eaux sont assoupies*, parce qu'elles
sont tranquilles, après avoir été agitées. Mais l'abîme qui n'est
qu'un trou, qu'un creux, ne peut jamais être conçu ni comme
éveillé ni comme endormi.

3°. *L'abîme.... il s'abîme.... par l'abîme....* répétition pitoyable,
indépendamment de la rime d'*abîme* verbe avec *abîme* substantif,
indépendamment aussi de la description inintelligible qui nous est
faite ici de la naissance et du mouvement de ce flot.

4°. *Il dresse sa cime :* on dit *élever sa cime* et non pas *la dresser*,
car la *cime* appartient en propre aux montagnes qui ne dressent rien
du tout.

5°. *Le jour roule sur son dos.* Comment le jour peut-il *rouler*?
Que veut dire surtout qu'il roule sur *le dos du flot*? Ce *dos*, d'ail-

leurs, n'est-il pas ce qu'on appelait tout à l'heure la *cime?* Mauvaises métaphores.

6°. *Il écrase les vagues, s'enfle de leurs débris, bondit sur sa base.* Comment le flot écrase-t-il les vagues? Qu'est-ce que des *débris* de vagues? Qu'est-ce que la *base* d'un flot? Comment bondit-il sur cette base? Toutes ces métaphores sont incohérentes et inintelligibles.

7°. *Chancelant comme une tour* : mauvaise comparaison; une tour ne chancelle pas par elle-même. L'auteur a voulu dire *semblable à une tour qui chancelle.* Mais il faut de toute nécessité que cette qualification soit appliquée à la tour. On ne la suppose pas d'avance; loin de là, une tour est toujours prise comme un symbole de solidité.

8° *Un char fumant brisé.* Qu'est-ce qu'un *char fumant?* S'il fume, c'est sans doute qu'il brûle : alors comment est-il brisé? Toutes ces idées sont disparates.

9° *Il croule*, c'est le flot qui croule! Cette expression ne peut s'appliquer qu'à la tour, ou à ce qui est bâti. Appliquée au char et surtout au flot, c'est un non-sens.

10°. *La poussière roule en flocons de lumière. La poussière du flot,* qu'est-ce que cela? Ce mot est aussi difficile à comprendre que celui de *flocons de lumière.* L'idée de *flot* est contradictoire avec celle de *poussière*, comme l'idée de *lumière* l'est avec celle de *flocon;* et cette dernière, qui plus est, ne peut pas même s'accorder avec celle de *poussière*, à laquelle l'auteur veut l'appliquer. C'est un cliquetis perpétuel de mots qui se heurtent et se contredisent.

11°. *La poussière disperse tous ces fragments du jour.* Cette dernière phrase est plus obscure encore que ce qui précède. La poussière peut-elle *disperser* quelque chose? Et, en l'admettant, comment disperse-t-elle des *fragments du jour?* Et qu'est-ce que ce peut être que ces fragments?

---

§ 29. MÉTONYMIE.

QUESTIONS THÉORIQUES.

1. Que signifie le mot *métonymie?* — Ce mot signifie changement de nom; en ce sens, il pourrait convenir à tous les tropes; mais on le restreint à quelques usages.

2. Quels sont ces usages? — On fait des métonymies quand on prend : 1° la cause pour l'effet ou l'effet

3

pour la cause ; 2° le contenant pour le contenu ; 3° le nom du lieu où une chose se fait pour la chose elle-même ; 4° le signe pour la chose signifiée ; 5° le nom abstrait pour le concret ; 6° les parties du corps qui sont regardées comme le siége des passions et des sentiments pour ces sentiments mêmes.

3. Donnez une métonymie de la cause pour l'effet. — Quand on dit : *vivre* de son *travail*, on veut dire vivre de ce qu'on gagne en travaillant ; le travail est donc pris pour le gain dont il est la cause.

4. Montrez une métonymie du contenant pour le contenu. — On dit de quelqu'un qu'il aime *la bouteille*, c'est-à-dire *le vin*.

Nous disons de même dans le langage le plus commun : *boire un verre de vin*, quoiqu'on ne boive que ce qui est dans le verre ; acheter un *litre de châtaignes*, au lieu de : acheter les châtaignes qui sont contenues dans un litre.

5. Donnez une métonymie du nom du lieu où une chose se fait pour la chose elle-même. — Nous nommons *calcédoine* une sorte d'agate commune dans les environs de la ville de ce nom. Le *nankin*, le *barège* sont des étoffes qui se fabriquaient originairement dans les villes de Nankin et de Barége. Un *cachemire* est un châle fait avec les poils des chèvres de Cachemire.

6. Faites une métonymie du signe pour la chose signifiée. — Cette métonymie est une des plus brillantes et des plus usitées. Le *sceptre* se prend pour l'autorité royale ; le *bâton* de maréchal, pour la dignité de maréchal de France ; le *chapeau* de cardinal, ou simplement le *chapeau*, pour le cardinalat. L'*épée* se prend pour la profession militaire ; la *robe*, pour la magistrature et l'état de ceux qui suivent le barreau.

7. Qu'est-ce que la métonymie de l'abstrait pour le

concret? — Nous faisons cette métonymie quand nous prenons une qualité dans le sens de l'objet même auquel cette qualité appartient.

8. Donnez-en un exemple. — On trouve dans le livre des *Proverbes* : « La *haine* excite les querelles ; mais la *charité* couvre toutes les fautes. » La *haine* n'étant qu'une qualité abstraite, ne peut pas agir : elle désigne donc ici les hommes haineux. Il en est de même de la *charité*, qui veut dire les personnes charitables.

9. Donnez un exemple de l'emploi des parties du corps pour les passions ou les sentiments dont elles sont le siége. — C'est par cette métonymie que nous disons de quelqu'un qu'il a du *cœur*, que c'est une bonne *tête*, qu'un jeune homme n'a pas de *cervelle*, ou que c'est un *cerveau brûlé*. On dit de même d'un médisant que c'est une *méchante langue* ; et de quelqu'un qui est puissant, qu'il a le *bras long*, etc.

———

EXERCICES.

39e SUJET.

J'ai vu, dit l'Ecclésiaste, un désordre étrange sous le soleil : J'ai vu que l'on ne commet pas ordinairement ni la course aux plus vites, ni les affaires aux plus sages, ni la guerre aux plus courageux, mais que c'est le hasard et l'occasion qui donne tous les emplois, qui règle tous les prétendants.... J'ai vu que toutes choses arrivent également à l'homme de bien et au méchant, à celui qui sacrifie et à celui qui blasphème. — Presque tous les siècles se sont plaints d'avoir vu l'iniquité triomphante et l'innocence affligée ; mais quelquefois on voit au contraire l'innocence dans le trône et l'iniquité dans le supplice. Quelle est la confusion de ce tableau ! et ne semble-t-il pas que ces couleurs aient été jetées au hasard, seulement pour brouiller la toile et le papier, si je puis parler de la sorte ? (Bossuet, *Sermon sur la Providence*.)

Indiquez les figures de mots ou de construction, et les métaphores ou métonymies contenues dans ces lignes.

1°. *J'ai vu.... j'ai vu.... j'ai vu....* c'est une répétition.

2°. *L'on ne commet ni la course.... ni les affaires.... ni la guerre,* etc.... c'est une répétition quant au mot *ni ;* c'est une conjonction quant à la construction de la phrase.

3°. *Le hasard et l'occasion....* c'est une personnification.

4°. *Les siècles se sont plaints....* c'est encore une personnification, puisque des siècles, au propre, ne peuvent pas se plaindre.

5°. *L'iniquité triomphante, l'innocence affligée,* ce sont des métonymies de l'abstrait pour le concret.

6°. *L'innocence dans le trône, l'iniquité dans le supplice,* ce sont les mêmes métonymies ; et de plus, *le trône, le supplice,* sont des métonymies du signe pour la chose signifiée. Ces mots représentent ici la grandeur royale ou ce qui y ressemble, et ce qui se rapproche des peines dues aux criminels.

40ᵉ SUJET.

Dites que nous nous enorgueillissons de ce que les grands nous confient leur secret, mais qu'ils le font, la plupart du temps, parce qu'ils ne peuvent pas le garder; et qu'ainsi ce n'est que pour se soulager qu'ils nous le disent. Usez autant que vous le pourrez de la métonymie de l'abstrait pour le concret.

COMPOSITION.

Rien ne flatte plus notre orgueil que la confiance des grands, parce que nous la regardons ordinairement comme un effet de notre mérite, sans considérer qu'elle ne vient le plus souvent que de vanité ou d'impuissance de garder le secret. Ainsi, on peut dire que la confiance est quelquefois comme un relâchement de l'âme qui cherche à se soulager du poids dont elle est pressée. (LA ROCHEFOUCAULT.)

41ᵉ SUJET.

Le célèbre Dominique, arlequin de la comédie italienne, se trouvant au souper de Louis XIV, avait les yeux fixés sur un certain plat de perdrix. Le monarque, qui s'en aperçut, dit à l'officier qui desservait : « Que l'on donne ce plat à Dominique. — Quoi ! sire, dit-il, et les perdrix aussi? » Le roi, qui entra dans la pensée du comédien, reprit : « Et les perdrix aussi. »

Ainsi Dominique, par cette adroite plaisanterie, eut, avec le
plat, les perdrix, et le plat était d'or.

Expliquez ce jeu de mots; montrez où est la finesse de la
réponse de Dominique.

Louis XIV, en disant : *donnez ce plat à Dominique*, usait de la
métonymie du contenant pour le contenu. Son intention était qu'on
donnât les perdrix seulement à l'acteur qu'il voulait favoriser. Celui-ci fit semblant d'entendre le mot dans son sens propre, parce
que le contenant avait pour lui bien plus de valeur que le contenu ;
et pour expliquer nettement sa pensée, il demanda si les perdrix
étaient comprises dans le don. Le roi ne voulut pas revenir sur ce
qu'il avait dit et accorda tout.

42° SUJET.

> Si la vertu, disait Platon,
> Pouvait se montrer toute nue,
> On serait charmé de sa vue.
> Rien n'est plus beau que ce dicton,
> Mais il est faux, et c'est dommage.
> La vertu pauvre et sans crédit
> N'a souvent pas le moindre habit :
> L'en estime-t-on davantage? (De la Martinière.)

Expliquez ce qui fait le sel de cette épigramme.

C'est la distinction inattendue de la vertu, prise dans son sens
réel, et de la vertu prise, par la métonymie de l'abstrait pour le
concret, dans le sens d'un homme vertueux. Platon dit que la vertu,
simple qualité du cœur, est assez belle pour nous charmer par elle-
même. L'auteur répond que la vertu sans crédit, c'est-à-dire
l'homme vertueux pauvre et sans protecteur, souvent sans habit, ne
nous charme pas du tout, n'obtient pas même notre estime.

---

§ 30. SYNECDOQUE.

1. Que signifie le mot *synecdoque?* — Il est tiré
du grec, et signifie *compréhension?* — Ce trope a beau-

coup de rapport avec la métonymie ; ou c'est, si l'on
veut, une métonymie particulière.

2. A quels usages la restreint-on ? — Par la synecdoque on prend le genre pour l'espèce et l'espèce pour
le genre ; le singulier pour le pluriel, et le pluriel pour
le singulier ; le tout pour la partie, et la partie pour le
tout.

3. Donnez une synecdoque du *genre pour l'espèce*.
— Racine dit dans *Esther*, en parlant de Dieu, qu'il
juge tous les *mortels* avec d'égales lois. Les *mortels* sont
ici pour les *hommes*, qui ne sont qu'une espèce parmi
les êtres mortels. Le nom du genre est donc pris pour
celui de l'espèce.

On retrouve cette synecdoque dans le style le plus
commun. On dit d'un général qu'il est à la tête de dix
mille *hommes*, c'est-à-dire de dix mille *soldats*, etc.

4. Qu'est-ce que la synecdoque de *l'espèce pour le
genre ?* — On prend l'espèce pour le genre lorsque le
mot employé donne à l'idée actuelle une détermination
qu'elle ne peut recevoir tout entière.

5. Donnez une synecdoque du singulier pour le
pluriel. Cette figure est très-commune, surtout dans le
style élevé. Sénèque fait dire à Hécube, dans ses
Troyennes : « Elle est tombée cette ville, le chef-
d'œuvre des dieux, au secours de laquelle était venu
celui qui boit les ondes glacées.... » *Celui qui boit,* c'est-
à-dire *ceux qui boivent :* il s'agit ici des peuples tout
entiers, et non pas seulement d'un homme.

6. Donnez un exemple de la synecdoque du pluriel
pour le singulier. — Cette forme de langage est plus
rare que la précédente. Cependant on en trouve quelques exemples : *Il est écrit dans les prophètes,* c'est-à-
dire dans *un prophète ; les poëtes disent,* c'est-à-dire
un poëte dit.

7. Ne prend-on pas aussi un nombre certain pour un nombre incertain ? — Oui ; c'est encore une synecdoque du même genre que les précédentes. Dans le cantique qui excita si fort la jalousie de Saül contre David, les Juifs disaient : *Saül en a tué mille, et David dix mille;* c'est-à-dire Saül en a tué *beaucoup,* et David en a tué *plus encore.*

8. Donnez une synecdoque de la partie pour le tout. — On dit qu'une fabrique emploie deux mille *bras,* qu'une ville compte trente mille *âmes,* qu'une flotte est composée de cent *voiles;* c'est toujours la synecdoque de la partie pour le tout.

9. Donnez la synecdoque du tout pour la partie. — Cette synecdoque est si constamment en usage, qu'à peine nous apercevons-nous que c'en soit une : *Loger dans telle rue, habiter telle maison, ce mot se trouve dans Phèdre,* donnent des exemples de la même façon de parler, puisque l'on n'occupe presque jamais qu'une petite partie de la maison ; que la maison elle-même n'a sur la rue que sa façade extérieure ; qu'un mot particulier ne se trouve pas dans la totalité des fables de Phèdre, mais seulement dans un vers d'une de ses fables.

EXERCICES.

43e SUJET.

Dans chaque genre, les espèces premières ont emporté tous nos éloges, et n'ont laissé aux espèces secondes que le mépris tiré de leur comparaison. L'oie, par rapport au cygne, est dans le même cas que l'âne vis-à-vis du cheval : tous deux ne sont pas prisés à leur juste valeur ; le premier degré de l'infériorité paraissant être une vraie dégradation, et rappelant en même temps l'idée d'un modèle plus parfait, n'offre, au lieu des attributs réels de l'espèce secondaire, que ses contrastes désavan-

tageux avec l'espèce première. Éloignant donc pour un moment la trop noble image du cygne, nous trouverons que l'oie
est encore, dans le peuple de la basse-cour, un habitant de distinction. Sa corpulence, son port droit, sa démarche grave,
son plumage net et lustré, et son naturel social qui la rend susceptible d'un fort attachement et d'une longue reconnaissance,
enfin sa vigilance très-anciennement célébrée, tout concourt à
nous présenter l'oie comme l'un des plus intéressants et même
des plus utiles de nos oiseaux domestiques; car, indépendamment de la bonne qualité de sa chair et de sa graisse, dont aucun autre oiseau n'est plus abondamment pourvu, l'oie nous
fournit cette plume délicate sur laquelle la mollesse se plaît à
reposer, et cette autre plume instrument de nos pensées et
avec laquelle nous écrivons ici son éloge. (Buffon, *Histoire naturelle.*)

ANALYSE.

Indiquez les figures ou les tropes que vous reconnaissez
dans ce passage.

Les figures de toute sorte sont fort nombreuses.
1. Une personnification : *les espèces ont emporté, ont laissé.*
2. Synecdoque du singulier pour le pluriel : *l'oie, le cygne,* pour
les oies, les cygnes, et de même *l'âne, le cheval.*
3. Métonymie de l'abstrait pour le concret : *l'infériorité, la dégradation,* etc.
4. Métaphores :   *peuple de la basse-cour, un habitant de distinction.*
5. Métonymie de l'abstrait pour le concret : *la mollesse se plaît,*
pour *les hommes mous.*

44e SUJET.

C'est cette dureté qui fait des voleurs sans dérober, et
des meurtriers sans verser de sang. Tous les saints Pères disent d'un commun accord que ce riche inhumain de notre
Évangile a dépouillé le pauvre Lazare, parce qu'il ne l'a pas
revêtu; qu'il l'a égorgé cruellement, parce qu'il ne l'a pas
nourri : et cette dureté meurtrière est née de son abondance et
de ses délices. O Dieu clément et juste! ce n'est pas pour cette
raison que vous avez communiqué aux grands de la terre un
rayon de votre puissance; vous les avez faits grands pour servir de pères à vos pauvres; votre Providence a pris soin de détourner les maux de dessus leur tête, afin qu'ils pensassent à

ceux du prochain; vous les avez mis à leur aise et en liberté,
afin qu'ils fissent leur affaire du soulagement de vos enfants; et
leur grandeur, au contraire, les rend dédaigneux, leur abondance secs, leur félicité insensibles, encore qu'ils voient tous
les jours non tant des pauvres et des misérables, que la misère
elle-même et la pauvreté en personne pleurante et gémissante à
leur porte! D'où vient une dureté si étonnante? (Bossuet, *Sermon sur l'impénitence finale.*)

ANALYSE.

**Montrez les tropes et autres figures qu'on peut remar-
quer dans ce morceau.**

1. Synecdoque de l'espèce pour le genre : des *voleurs sans dérober,* des *meurtriers sans verser de sang,* c'est-à-dire des méchants.

2. Synecdoque dans le nombre : *tous les saints Pères* pour *quelques Pères.*

3. Métonymie de l'abstrait pour le concret : *la dureté née de l'a-
bondance et des délices* pour *les hommes endurcis*, etc.

4. Même métonymie : leur *grandeur,* leur *abondance,* leur *félicité.*

5. Ellipse d'un mot déjà exprimé : *leur grandeur les rend dédaigneux, leur abondance secs, leur félicité insensibles.*

6. Métonymie de l'abstrait pour le concret ou personnification :
*la misère elle-même et la pauvreté en personne pleurante et gé-
missante à leur porte.*

---

§§ 31 ET 32. COMMUNICATION DANS LES PAROLES; ANTONOMASE.

QUESTIONS THÉORIQUES.

1. Qu'est-ce que la *communication* dans les paroles?
— C'est une espèce de synecdoque par laquelle on fait
tomber sur soi-même une partie de ce qui n'appartient
qu'aux autres. *Nous nous amusons,* dit quelquefois un
maître à ses écoliers; il veut dire : *Vous vous amusez.*

Nous disons de la même manière, en nous identi-
fiant avec la France, avec ses grands hommes, avec
ses armées, que nous marchons à la tête de l'Eu-

rope, que nous l'éclairons de nos lumières; que nous avons vaincu à Marengo, etc., quoique celui qui parle ne soit pour rien du tout dans les faits qu'il énonce.

2. Qu'est-ce que *l'antonomase ?* — C'est une espèce de synecdoque par laquelle on met un nom commun pour un nom propre, ou bien un nom propre pour un nom commun.

3. Donnez un exemple de l'antonomase par le nom commun. — *Philosophe, orateur, poète, roi, ville, président,* etc., sont des noms communs; l'antonomase en fait des noms particuliers qui équivalent à des noms propres. Quand les anciens disent *le philosophe,* ils entendent Aristote; quand ils disent *l'orateur,* ils indiquent Démosthène, si ce sont les Grecs qui parlent; Cicéron, si ce sont les Latins. Le *poète,* c'est, pour les premiers, Homère; pour les seconds, Virgile.

4. Donnez un exemple de l'antonomase par le nom propre. — La seconde espèce d'antonomase est lorsqu'on prend un nom propre pour un nom commun ou pour un adjectif. Sardanapale, dernier roi des Assyriens, vivait dans une extrême mollesse; du moins, tel est le sentiment commun; de là, on dit d'un voluptueux : C'est un *Sardanapale.*

EXERCICES.

45e SUJET.

Rivarol, qui était d'une très-petite noblesse, avait émigré et causait un jour avec le duc de Créqui, émigré comme lui, mais qui était de la première noblesse de France. Il arriva à Rivarol de dire : « Des gens comme nous. » — Sur quoi le duc de Créquy ne put s'empêcher de se récrier; et Rivarol lui ayant demandé ce qni l'étonnait : « C'est ce pluriel, répondit-il, qui me semble singulier. »

Expliquez ce qu'il y a de piquant dans cette réponse.

C'est que Rivarol, usant de la communication dans les paroles, se mettait sur le même rang que ceux qui lui étaient fort supérieurs. Le duc de Créquy lui fit sentir qu'il ne pouvait accepter cette assimilation que comme une synecdoque, mais que dans la réalité il réduisait le pluriel *nous* au singulier *moi*, chacun d'eux restant séparé de l'autre, du moment qu'on voulait parler des rangs.

46e SUJET.

Fontenelle dit de Vauban que ses mœurs ont tenu bon contre les dignités les plus brillantes ; qu'en un mot, c'était un Romain qu'il semblait que notre siècle eût dérobé aux plus heureux temps de la République.

ANALYSE.

Par quelle figure le nom de *Romain* est-il appliqué à Vauban ?

Par l'antonomase du nom propre pris pour le nom commun. *Romain* est un nom propre de peuple ; il s'applique aux hommes auxquels on accorde ce que l'on appelle les *vertus romaines*, l'indépendance, le mépris du luxe, etc.; c'est là ce que veut dire Fontenelle.

47e SUJET.

Ainsi nos pères s'animaient à la vertu : une noble émulation les portait à rendre à leur tour Athènes et Rome jalouses de leur gloire. Ils voulaient surpasser les Aristide en justice, les Phocion en constance, les Fabrice en modération, et les Caton même en vertu. (D'Aguesseau.)

ANALYSE.

Quels tropes remarque-t-on ici ?

On distingue : 1° Une métonymie de l'abstrait pour le concret : *une noble émulation*, etc.

2°. Une personnification : *Athènes et Rome jalouses*.

3°. Des antonomases dans les *Aristide*, les *Phocion*, etc.

CHAPITRE VI.

§ 35. CATACHRÈSE.

QUESTIONS THÉORIQUES.

1. Qu'est-ce que la *catachrèse ?* — C'est l'usage qu'on est forcé de faire d'un mot, faute d'un terme primitivement destiné à caractériser une idée. Le nom de *cata-chrèse* veut dire *abus*.

2. La catachrèse est-elle rigoureusement un trope ? — La catachrèse est moins un trope que l'usage qu'on est forcé de faire d'un trope pour exprimer une idée par un terme primitivement destiné à l'expression d'une autre idée qui a quelque relation à la première.

3. Y a-t-il une catachrèse dans *une feuille de papier ?* — On dit *une feuille d'arbre*, et, par catachrèse, une *feuille de papier*, parce qu'une feuille de papier est à peu près aussi mince qu'une feuille d'arbre.

4. Y a-t-il une catachrèse dans *ferrer de cuivre*, *ferrer d'argent ?* — Oui ; on dit *ferrer un cheval, une roue, un lacet, une cassette*, pour dire garnir de morceaux de fer convenables les pieds d'un cheval, la circonférence d'une roue, les bouts d'un lacet, les coins d'une cassette ; cela est sans figure. Mais, par catachrèse, on dit *ferrer* quand même on voudrait garnir de cuivre, d'argent ou d'or, les choses de cette espèce qu'on garnit ordinairement de fer : Un *cheval ferré d'argent*, un *lacet ferré d'or*, une *cassette ferrée de cuivre*.

5. L'ellipse produit-elle quelquefois des catachrèses ? — Oui, le désir d'abréger le discours, et par conséquent l'ellipse, a fait naître un grand nombre de catachrèses. On a nommé *basse*, en musique, d'abord la *partie basse* d'une symphonie ou d'un quatuor, et puis l'instrument qui tenait cette partie. C'est là, évidemment, un mot étendu à un usage nouveau par le simple

retranchement de ceux qui devraient l'accompagner dans une phrase complète.

6. **Les catachrèses sont-elles communes?** — Oui ; les catachrèses sont si communes, qu'il n'y a, pour ainsi dire, pas un des mots usuels de notre langue qui ne soit employé par catachrèse dans quelque locution.

7. — **Peut-on, quand une catachrèse est admise, mettre à la place du mot ordinaire un équivalent?** — Non ; tout mot employé par catachrèse dans une langue est devenu, petit à petit ou tout de suite, le nom particulier de l'objet ; et ce nom une fois reçu, il n'est plus permis à personne de le changer.

8. **Les catachrèses diffèrent-elles en cela des métaphores?** — Oui ; les métaphores sont tout à fait libres, ou ne dépendent que du choix et de la volonté de l'orateur; les catachrèses, au contraire, dépendent, avant tout, de l'aveu de l'usage ; il faut qu'elles aient été acceptées dans une langue ; autrement on ne rencontre que des barbarismes.

9. **Donnez un exemple.** — Les Romains désignaient souvent par le mot *main* une petite quantité ; nous disons, nous, une *poignée,* et nous traduisons un vers connu de Virgile par ces mots : Une *poignée* de jeunes gens s'élancent sur le rivage. Mettez, selon l'expression latine, *une main de jeunes gens,* la locution sera barbare et inintelligible.

EXERCICES.

48ᵉ SUJET.

Je ne puis ouvrir les yeux sans admirer l'art qui éclate dans toute la nature. Le moindre coup d'œil suffit pour apercevoir la main qui a tout fait.... C'est un chemin sûr pour arriver à la vérité.... Les passions qui les ont agités (les hommes) leur ont donné des distractions continuelles; ou bien les faux préjugés qui naissent des passions ont fermé les yeux à ce grand spectacle.... Ainsi vivent les hommes.... Le hasard est une cause aveugle.... Non-seulement les terres noires et fertiles, mais encore les argileuses et les graveleuses, récompensent l'homme de ses peines.... Tout sort du sein de la terre, tout y rentre.... Cette mère féconde nous rend avec usure plus d'épis qu'elle n'a reçu de grains. (Fénelon, *Existence de Dieu*.)

ANALYSE.

Montrez quelles figures de construction et quels tropes il y a dans ce morceau.

1. *L'art qui éclate :* métaphore.

2. Il éclate dans *la nature :* métonymie de l'abstrait pour le concret.

3. *La main* qui a fait tout : métonymie du signe pour la chose signifiée. *La main* est le signe de la puissance.

4. Un *chemin* pour arriver, la *source* de toute vérité : métaphores très-naturelles.

5. Les passions les *agitent :* métaphore.

6. Elles leur donnent des *distractions :* catachrèse. La *distraction* est, au propre, l'acte de distraire une chose d'une autre ; la *distraction d'une terre*. On l'applique ensuite à cette disposition par laquelle l'esprit est détourné de sa véritable occupation.

7. *Les préjugés naissent, ils ferment les yeux :* métaphores très-naturelles.

8. *Vivent les hommes :* inversion.

9. Le hasard est une *cause aveugle :* personnification et métonymie de l'abstrait pour le concret.

10. *Les argileuses et les graveleuses :* ellipse d'un mot exprimé auparavant.

11. *Récompensent l'homme :* personnification.

12. *Le sein de la terre :* catachrèse.

13. *Cette mère féconde :* métaphore.

CHAPITRE VII.

LES TROPES DE PHRASES.

---

§ 34. ALLÉGORIE.

QUESTIONS THÉORIQUES.

1. Qu'est-ce que l'*allégorie ?* — L'*allégorie* est un discours présenté d'abord sous un sens propre, qui paraît toute autre chose que ce qu'on a dessein de faire entendre, et qui, cependant, ne sert que de comparaison pour donner l'intelligence d'un autre sens qu'on n'exprime point.

2. En quoi l'allégorie diffère-t-elle de la métaphore ? — La métaphore joint le mot figuré à quelque terme propre : par exemple, *le feu de vos yeux, yeux* est au propre ; tandis que, dans l'allégorie, tous les mots d'une phrase ou d'un discours allégorique forment d'abord un sens littéral qui n'est pas celui qu'on a dessein de faire entendre ; les idées accessoires dévoilent ensuite facilement le véritable sens qu'on veut exciter dans l'esprit.

3. L'allégorie a donc deux sens ? — Oui ; l'allégorie a un sens apparent, ou verbal, et un autre réel.

4. Citez l'allégorie des deux tonneaux d'Homère sur la vie humaine. — « Seuls tranquilles au sein d'un bonheur inaltérable, les dieux ont formé de douleurs et de peines le cercle de nos jours. Deux tonneaux sont à la porte du palais de Jupiter : de l'un coule le bonheur, les disgrâces de l'autre. Si ce dieu, pour composer notre vie, puise également dans tous les deux, le

bien et le mal dominent tour à tour ; mais s'il n'a puisé que dans le tonneau funeste, le malheur sans cesse nous poursuit. »

EXERCICES.

49e SUJET.

Un fantôme s'élance sur le seuil des portes inexorables, c'est la mort. Elle se montre comme une tache obscure sur les flammes de cachots qui brillent derrière elle. Son squelette laisse passer les rayons livides de la lumière infernale.... Sa tête est ornée d'une couronne changeante, dont elle dérobe les joyaux aux peuples et aux rois de la terre. Quelquefois elle se pare des lambeaux de la pourpre et de la bure dont elle a dépouillé le riche et l'indigent. Tantôt elle vole, tantôt elle se traîne ; elle prend toutes les formes, même celles de la beauté. On la croirait sourde, et toutefois elle entend le plus petit bruit qui décèle la vie ; elle paraît aveugle, et pourtant elle découvre le moindre insecte rampant sous l'herbe. D'une main, elle tient une faux comme un moissonneur ; de l'autre, elle cache la seule blessure qu'elle ait jamais reçue, et que le Christ vainqueur lui porta dans le sein, au sommet du Golgotha. C'est le crime qui ouvre les portes de l'enfer, et c'est la mort qui les referme. (Chateaubriand, *les Martyrs*, liv. VI.)

ANALYSE.

Qu'est-ce que ce morceau ?

C'est une allégorie précédée d'une personnification. La mort, être abstrait, est représentée comme ayant une existence réelle, comme une divinité voyant, entendant et agissant ; c'est là la personnification. Mais tous les attributs qu'on lui donne et les actions qu'on lui prête représentent des vérités communes, que tout lecteur attentif reconnaît sous la fiction : c'est là l'allégorie.

50e SUJET.

Montrez que c'est en vain qu'on va loin pour éviter le péril, si on le fait naître autour de soi par son caractère ; et pour cela, racontez l'histoire de deux souris qui, ayant quitté la France pour aller habiter l'Inde, où elles seraient grassement nourries par les habitants eux-mêmes, dans des hôpitaux entretenus avec soin, furent si fières et si insolentes à l'égard des autres souris, que celles-ci les étranglèrent.

COMPOSITION.

Une souris, ennuyée de vivre dans les périls et dans les alarmes, à cause de Mitis et de Rodilardus, qui faisaient grand carnage de la nation souriquoise, appela sa commère, qui était dans un trou de son voisinage. « Il m'est venu, lui dit-elle, une bonne pensée. J'ai lu, dans certains livres que je rongeais ces jours passés, qu'il y a un beau pays, nommé les Indes, où notre peuple est mieux traité et plus en sûreté qu'ici. En ce pays-là, les sages croient que l'âme d'une souris a été autrefois l'âme d'un grand capitaine, d'un roi, d'un merveilleux fakir, et qu'elle pourra, après la mort de la souris, entrer dans le corps de quelque belle dame, ou de quelque grand pandiar. S'il m'en souvient bien, cela s'appelle métempsycose. Dans cette opinion, ils traitent tous les animaux avec une charité fraternelle : on voit des hôpitaux de souris, qu'on met en pension et qu'on nourrit comme personnes de mérite. Allons, ma sœur, partons pour un si beau pays où la police est si bonne, et où l'on fait justice à notre mérite. » La proposition est acceptée ; nos deux souris partent ensemble ; elles s'embarquent dans un vaisseau qui allait faire un voyage de long cours, en se coulant le long des cordages le soir de la veille de l'embarquement. On part ; elles sont ravies de de se voir sur la mer, loin des terres maudites où les chats exercent leur tyrannie. La navigation fut heureuse ; elles arrivent à Surate, non pour amasser des richesses, comme les marchands, mais pour se faire bien traiter par les Indous. A peine furent-elles entrées dans une maison destinée aux souris, qu'elles y prétendirent les premières places. L'une prétendait se souvenir d'avoir été autrefois un fameux bramin sur la côte du Malabar ; l'autre protestait qu'elle avait été une belle dame du même pays, avec de longues oreilles. Elles firent tant les insolentes, que les souris indiennes ne purent les souffrir. Voilà une guerre civile. On donna sans quartier sur ces deux Franguis, qui voulaient faire la loi aux autres. Au lieu d'être mangées par les chats, elles furent étranglées par leurs propres sœurs.

On a beau aller loin pour éviter le péril ; si on n'est modeste et sensé, on va chercher son malheur bien loin : autant vaudrait-il le trouver chez soi. (Fénelon, *Fables*.)

51ᵉ SUJET.

Chez les modernes, l'énigme est ordinairement un petit poëme où, sans nommer une chose, on la décrit par ses causes, ses propriétés, ses effets, et sous des termes équivoques; il est visible qu'elle se rattache à l'allégorie, puisque l'auteur tâche, à propos de chaque détail, d'en faire entendre un autre qui déroute le lecteur. L'énigme suivante de Lamotte en donnera l'exemple :

> A la candeur qui brille en moi
> Se joint le plus noir caractère.
> Il n'est rien que je ne tolère,
> Mais je suis méchant quand je bois.

ANALYSE.

Le mot de cette énigme est *papier*. Expliquez, d'après cela, tous les détails donnés dans ces vers.

1°. La *candeur* veut dire *blancheur*. Ce mot ne se prend ordinairement que dans le sens figuré pour la *blancheur de l'âme*, c'est-à-dire pour les qualités morales. Le poëte, en le prenant ici contre l'usage, dans son sens propre, tend à égarer le lecteur.

2°. *Le plus noir caractère.* — *Caractère* se prend aussi au moral, quand c'est un homme qui parle de lui-même, comme on est porté à le croire en lisant ces vers; et alors il y a une contradiction formelle à joindre à *la candeur un caractère noir*. Mais quand il s'agit du papier, le *caractère noir* n'est qu'une lettre en encre noire, qui ressort très-bien sur un fond blanc.

3°. *Il n'est rien que je ne tolère.* Cette pensée s'entend parfaitement du papier, puisqu'on dit tous les jours qu'il souffre tout. Appliquée à l'homme, elle marquerait une faiblesse fort blâmable.

4°. *Je suis méchant quand je bois.* On croirait encore qu'il s'agit d'un homme, parce qu'en effet les gens ivres sont souvent intraitables. Mais, appliqué au papier, ce vers veut dire que celui qui boit, c'est-à-dire dans lequel l'encre pénètre de manière à déformer les lettres, est un méchant papier.

Ainsi, partout ce sont des équivoques, fondées sur ce qu'en disant une chose on en fait entendre une autre : ce sont autant d'allégories partielles.

§ 35. ALLUSION.

1. Qu'est-ce que l'*allusion* ? — C'est un discours dont les mots conservent bien leur sens propre individuellement, mais ce sens n'est que secondaire ; ils en réveillent un autre qu'on n'attendait pas d'abord, et qui est le plus important. On peut donc définir l'allusion : une figure qui rappelle des idées accessoires.

2. Citez-en un exemple. — L'orateur Catulus, dont le nom latin signifie *petit chien*, accusait de péculat, devant le peuple, un Romain appelé Philippe ; celui-ci, l'interrompant, lui demanda, en jouant sur son nom, pourquoi il *aboyait* contre lui. Catulus, continuant le même jeu, répondit : C'est que je vois un *voleur*.

3. Comment distingue-t-on les allusions ? — On distingue les allusions selon le genre d'idées auxquelles elles se rapportent : en *historiques*, *mythologiques*, *nominales* et *verbales*.

4. Qu'est-ce que l'*allusion historique* ? — C'est celle qui rappelle un trait d'histoire.

5. Qu'est-ce que les *allusions mythologiques* ? — Ce sont celles qui sont fondées sur un point de la fable.

6. Qu'appelle-t-on *allusions nominales* ? — Celles qui reposent sur un nom.

7. Qu'appelle-t-on *allusions verbales* ? — Celles qui consistent dans le mot seulement, c'est-à-dire dans une équivoque.

8. Quelle est la condition pour que les allusions soient bonnes ? — Les allusions doivent, en général, être claires, et l'on blâme avec raison celles qui sont tirées de personnages ou de faits si peu connus, qu'à moins de recherches particulières on ne comprend pas ce qu'elles veulent dire.

9. Que dit-on des allusions à des titres particuliers, à des passages d'ouvrages ? — Elles ont souvent cet inconvénient, de ne pouvoir être comprises que de ceux qui connaissent ce titre ou cet ouvrage.

10. Que faut-il penser des allusions verbales ? — Les allusions verbales, que quelques personnes estiment, sont, quand elles sont répétées, les plus insupportables de toutes.

11. Comment les appelle-t-on en général ? — On les nomme du nom général de *calembours;* mais ce sont les plus mauvais de tous ces jeux de mots, parce qu'ils n'ont pas même le sens qu'on veut leur donner dans le moment ; ils n'ont que le sens du mot.

12. Citez une belle allusion de Mascaron sur les généraux vainqueurs, qui oublient que c'est à Dieu qu'ils doivent leur victoire. — « C'est alors que les impies *Salmonées* osent imiter le tonnerre de Dieu, et répondre par les foudres de la terre aux foudres du ciel. C'est alors que les sacriléges *Antiochus* n'adorent que leur bras et leur cœur, et que les insolents *Pharaons,* enflés de leur puissance, s'écrient : C'est moi qui me suis fait moi-même ! »

13. Expliquez cette allusion. — On voit qu'ici, en appliquant par métaphore les noms de Salmonée, d'Antiochus et de Pharaon, aux généraux que leur victoire aveugle, l'orateur réveille le souvenir de ce qu'ont fait ces hommes impies et condamnés par la religion.

EXERCICES.

52e SUJET.

Mirabeau à ses accusateurs. — C'est une étrange manie, c'est un déplorable aveuglement que celui qui anime ainsi les uns contre les autres des hommes qu'un même but, un sentiment indestructible devraient, au milieu des débats les plus acharnés, toujours rapprocher, toujours réunir.... Et moi aussi, on voulait, il y a peu de jours, me porter en triomphe, et maintenant on crie dans les rues : *La grande trahison de Mirabeau!* Je n'avais pas besoin de cette leçon pour savoir qu'il y a peu de distance du Capitole à la roche Tarpéienne.

ANALYSE.

Dites quelle est la figure qui termine cette tirade; montrez-en la justesse et la beauté.

C'est une allusion. Mirabeau oppose d'abord la double réputation qu'on lui a faite; puis, par une allusion très-naturelle, il rappelle à la fois qu'à Rome on menait les triomphateurs au Capitole, et qu'on précipitait les traîtres du haut de la roche Tarpéienne; il profite surtout du voisinage réel de ces deux sommets pour peindre la versatilité de la nation qui l'adorait hier, et le maudit aujourd'hui.

§ 56. APPLICATION.

QUESTIONS THÉORIQUES.

1. Qu'est-ce que l'*application?* — C'est une espèce d'allusion par laquelle on emploie un passage connu dans un sens tout nouveau, déterminé par les circonstances.

2. Quand l'application est juste, d'après quelle considération est-elle plus ou moins estimée? — Plus le nouveau sens ou le nouveau rapport que l'application donne au passage est éloigné de son sens primitif, plus l'application est ingénieuse.

3. Donnez-en un exemple. — On a appliqué à un philosophe persécuté le vers de Virgile sur Didon mourante, qui ouvre un instant les yeux et les referme pour jamais : « Elle chercha la lumière au ciel, et gémit après l'avoir trouvée. »

4. Les applications des mots, des vers ou des phrases tirés des langues anciennes ne sont-elles pas presque toujours plus faciles que celles qu'on fait en français? — Oui, à cause du vague même et de l'indécision du sens dans ces langues.

5. Que dit Marmontel du talent des applications? — Il dit avec raison que ce talent suppose un esprit juste, subtil et prompt, et une mémoire richement meublée.

6. Fait-il une autre observation? — Il remarque encore que, de tous les jeux de l'esprit, l'application est peut-être celui où il brille le plus par la justesse, la finesse, la singularité piquante, et surtout par l'à-propos de ces rencontres heureuses, espèces de hasards qui n'arrivent qu'à lui.

EXERCICES.

53ᵉ SUJET.

Faiblesse de quelques chrétiens. — Ou nous écoutons froidement, ou il s'élève seulement en nous des affections languissantes, faibles imitations des sentiments véritables : désirs toujours stériles et infructueux, qui demeurent toujours désirs, et qui ne se tournent pas en résolutions : flamme errante et volage qui ne prend jamais à sa matière, mais qui court légèrement par-dessus, et que le moindre souffle éteint tellement, que tout s'en perd en un instant, jusqu'au souvenir. « Les enfants d'Ephrem, dit David, préparaient leurs flèches et bandaient leur arc; mais ils ont lâché le pied au jour de la guerre. » En écoutant la prédication, ils concevaient en eux-mêmes de grands desseins; ils semblaient aiguiser leurs armes contre leurs vices, au jour de la tentation ils les ont rendues honteusement. Ils promettaient beaucoup dans l'exercice, ils ont plié d'abord dans le combat; ils semblaient animés quand on sonnait de la trompette, ils ont tourné le dos tout à coup quand il a fallu venir aux mains. (Bossuet, *Sermon sur la prédication évangélique.*)

ANALYSE.

Montrez les tropes qui se trouvent dans ce passage.

Il y a : 1° des métaphores et des personnifications, *affections languissantes, désirs stériles et infructueux*, etc.;

2°. Une magnifique allégorie, *flamme errante et volage*, etc.

3°. Une application très-juste d'une pensée de David, *les enfants d'Ephrem*, etc.;

4°. une allégorie bien soutenue, où, sous l'apparence de gens de guerre qui lâchent pied dans le combat, il représente la faiblesse de ceux qui ne savent pas tenir leurs bonnes résolutions.

---

§§ 37 ET 38. PARODIE ET IRONIE.

QUESTIONS THÉORIQUES.

1. Qu'est-ce que la *parodie?* — C'est une sorte d'allusion maligne aux expressions, aux phrases, aux discours d'un auteur; on rappelle ces diverses parties, soit en citant les mots eux-mêmes, soit en en mettant d'autres qui ont une grande analogie avec ceux de l'original et en font ainsi une application ridicule, soit en les encadrant et les expliquant d'une manière malicieuse.

2. Que signifie le mot *parodie?* — Ce mot est grec; il signifie à la lettre un chant composé à l'imitation d'un autre, parce qu'en effet la parodie consiste presque toujours à détourner dans un sens railleur, quelquefois la prose, et plus souvent les vers qu'un autre a faits dans une vue différente.

3. La parodie est-elle commune en France? — La parodie n'a été nulle part plus cultivée que chez nous. Dès le siècle de Louis XIV, quelques scènes de la tragédie du *Cid* ont été parodiées d'une manière extrêmement piquante par Furetière et quelques-uns de ses amis. Depuis ce temps, une multitude d'ouvrages ont été parodiés.

4. Racine n'a-t-il pas parodié un vers du *Cid* ? — Oui : dans sa comédie des *Plaideurs*, il a parodié presque mot pour mot un vers célèbre de cette tragédie.

5. Quel est ce vers? — Corneille dit en parlant de don Diègue :

> Ses rides sur son front ont gravé ses exploits.

Dans Racine, l'Intimé dit de son père :

> Il gagnait en un jour plus qu'un autre en six mois :
> Ses rides sur son front gravaient tous ses exploits.

Mais il parle ici des exploits d'huissier, tandis que, dans la tragédie, il est question des hauts faits d'armes de don Diègue.

6. Qu'est-ce que l'*ironie* ? — L'ironie, ou la *dissimulation*, est un trope de phrase par lequel on veut faire entendre le contraire de ce qu'on dit.

7. Cicéron n'a-t-il pas fait un fréquent usage de l'ironie ? — Oui : cet orateur l'emploie, par exemple, pour se moquer de Pison qui se vantait de n'avoir jamais désiré le triomphe.

EXERCICES.

54ᵉ SUJET.

Le vieux médecin Bartholo répète la reprise d'une chanson en dansant. Figaro entre pendant ce temps-là, et imite ses mouvements derrière lui. — BARTHOLO, *l'apercevant.* Ah! entrez, monsieur le barbier, avancez, vous êtes charmant! — FIGARO. Monsieur, il est vrai que ma mère me l'a dit autrefois; mais je suis un peu déformé depuis ce temps-là! — BARTHOLO.

Venez-vous purger encore, saigner, droguer, mettre sur le grabat toute ma maison ? — FIGARO. Monsieur, il n'est pas tous les jours fête ; mais, sans compter les soins quotidiens, monsieur a pu voir que lorsqu'ils en ont besoin, mon zèle n'attend pas qu'on lui commande. — BARTHOLO. Votre zèle n'attend pas ! Que direz-vous, monsieur le zélé, à ce malheureux qui bâille et dort tout éveillé ? et l'autre, qui depuis trois heures éternue à se faire sauter le crâne ? que leur direz-vous ? — FIGARO. Eh ! parbleu, je dirai à celui qui éternue : « Dieu vous bénisse ! » et « Va te coucher » à celui qui bâille.

ANALYSE.

Analysez ce morceau, et montrez les figures qui le distinguent.

1°. C'est d'abord et avant tout l'ironie qui domine depuis le commencement jusqu'à la fin. Bartholo a à se plaindre de Figaro, et c'est pour cela qu'il lui dit qu'il est *charmant.*

2°. Figaro sait très-bien que c'est de sa conduite que Bartholo veut se plaindre ; il fait semblant d'entendre *charmant* comme s'il se rapportait aux grâces de la figure.

3°. Bartholo ramène Figaro au vrai sujet de ses plaintes, en lui demandant s'il vient encore mettre tous ses gens hors de service avec ses médicaments.

4°. Figaro fait encore semblant de ne pas comprendre ce qu'on lui dit, ou d'y voir une approbation de sa conduite : aussi parle-t-il de son zèle.

5°. C'est là-dessus que Bartholo répète ironiquement *votre zèle n'attend pas !* et, resserrant toujours sa question, il demande à ce zélé ce qu'il dira à ces deux hommes à qui il a donné un narcotique et un sternutatoire.

6°. Figaro, qui a résolu de ne pas comprendre les reproches qu'on lui fait, répond comme si on lui demandait en général ce que l'on doit répondre à un homme qui bâille ou qui éternue, tandis que, dans l'intention du docteur, sa question signifiait : « Que pouvez-vous moralement répondre à des hommes qui vous reprochent de les avoir mis dans un si mauvais état ? »

CHAPITRE VIII.

LES FIGURES DE PENSÉE.

§ 39. DÉFINITION. — CLASSIFICATION.

QUESTIONS THÉORIQUES.

1. En quoi consistent les figures de pensée? — Elles consistent non dans le choix ou la signification des mots, comme les figures de mots ou les tropes; ni dans leur syntaxe, comme les figures de construction; mais dans la tournure particulière que l'on donne à l'expression de la pensée.

2. Que résulte-t-il de là pour ces figures? — Il en résulte qu'elles ne tiennent pas du tout à tel ou tel idiome; qu'elles peuvent, par conséquent, passer dans une traduction, tandis que les figures de mots n'y passent presque jamais.

3. Y a-t-il beaucoup de figures de pensée? — Les figures de pensée sont fort nombreuses: on peut cependant en réduire le nombre, si l'on remarque qu'il y en a beaucoup qui ne se distinguent que par des nuances imperceptibles, et qui rentrent ainsi dans les autres.

4. Comment peut-on classer les figures de pensée? — On peut placer les principales dans l'ordre suivant: 1° figures par division du sujet; 2° figures exclamatives, ou qui supposent un élan de l'âme; 3° figures distinctives, c'est-à-dire où l'on appuie sur certaines distinctions; 4° figures par lesquelles on accorde ou on permet quelque chose; 5° figures par lesquelles on insiste sur les détails pour amplifier l'idée; 6° figures d'a-

doucissement ; 7° figures par omission ; 8° figures in-
terrogatives ; 9° figures imitatives, où l'on imite la conversation, les objections, les discussions ; 10° figures
par lesquelles on s'adresse tout à coup à ceux à qui on
ne parlait pas auparavant ; 11° figures de pure imagination. Nous allons retrouver cette division dans les paragraphes suivants.

----

§ 40. ACCUMULATION, ÉNUMÉRATION, DÉFINITION.

QUESTIONS THÉORIQUES.

1. Qu'est-ce que l'*accumulation* ? — C'est une figure par laquelle on entasse, en quelque sorte, les détails de personnes, de qualités, de choses de même nature, pour faire plus d'effet.

2. Donnez un exemple. —Madame de Sévigné, décrivant un incendie dont elle avait été témoin, dit :
« C'étaient des cris, c'était une confusion, c'était un
bruit épouvantable des poutres et des solives qui tom-
baient. »

3. Qu'est-ce que l'*énumération* ? — C'est une figure qui consiste à séparer un tout en ses diverses parties, que l'on énumère successivement.

4. Donnez un exemple d'énumération. — Molière,
dans le *Misanthrope*, fait dire à Alceste :

> Quel avantage a-t-on qu'un homme vous caresse,
> Vous jure *amitié, foi, zèle, estime, tendresse*,
> Et vous fasse de vous un éloge éclatant,
> Lorsqu'au premier faquin il court en faire autant?

5. Qu'est-ce que la *définition* ? — Cette figure consiste à définir une chose, non pas à la définir rigoureusement comme les logiciens, mais en considérant la

chose sous ses différents aspects et la présentant sous plusieurs faces.

6. Donnez un exemple de définition. — Fléchier définit ainsi une armée : « *C'est un corps* animé d'une infinité de passions différentes qu'un homme habile fait mouvoir pour la défense de la patrie ; *c'est une troupe* d'hommes armés qui suivent aveuglément les ordres d'un chef dont ils ne savent pas les intentions ; *c'est une multitude* d'âmes pour la plupart viles et mercenaires, qui, sans songer à leur propre réputation, travaillent à celle des rois et des conquérants ; *c'est un assemblage confus* de libertins qu'il faut assujettir à l'obéissance, de lâches qu'il faut mener aux combats, de téméraires qu'il faut retenir, d'impatients qu'il faut accoutumer à la constance. »

EXERCICES.

55ᵉ SUJET.

Impuissance de l'homme à expliquer les merveilles de la nature. — Descendez sur la terre, et dites-nous, si vous le savez, qui tient les vents dans les lieux où ils sont enfermés, qui règle le cours des foudres et des tempêtes ; quel est le point fatal qui met des bornes à l'impétuosité des flots de la mer, et comment se forme le prodige si régulier de ses mouvements ; expliquez-nous les effets surprenants des plantes, des métaux, des éléments ; cherchez comment l'or se purifie dans les entrailles de la terre ; démêlez, si vous le pouvez, l'artifice infini qui entre dans la formation des insectes qui rampent à nos yeux ; rendez-nous raison des différents instincts des animaux : tournez-vous de tous les côtés ; la nature de toutes parts ne vous offre que des énigmes. O homme ! vous ne connaissez pas les objets que vous avez sous l'œil, et vous voulez voir clair dans les profondeurs éternelles de la foi ! (Massillon, *Carême.*)

ANALYSE.

Quelle figure remarque-t-on ici ?

Il y en a plusieurs ; mais c'est surtout une énumération qui s'étend depuis *dites-nous qui tient les vents*, jusqu'à *la nature de toutes parts*, et qui ne contient pas moins de dix demandes ou sections.

56e SUJET.

Représentez par une vive énumération, et, s'il y a lieu, par des antithèses, la tiédeur de ces hommes qui, loin de rendre à Dieu les hommages qui lui sont dus, n'écoutent pas ses préceptes et n'admirent dans les temples que leur beauté matérielle ou leur richesse.

COMPOSITION.

Du haut de ce saint autel où la religion l'a placé, ainsi que sur son trône, Dieu nous appelle, il nous invite à venir lui rendre nos hommages. Qui est-ce qui se rend docile à sa voix ? à quoi servent-ils ces temples superbes, ces édifices somptueux ? à décorer nos villes, à donner un spectacle agréable à la curiosité humaine. On vient admirer la beauté, la magnificence de l'architecture ; la grandeur, les exactes proportions de l'édifice ; les richesses, la pompe des ornements qui l'embellissent ; la hardiesse, la profondeur du génie qui en a tracé le plan, qui a conduit l'ouvrage ; on pense à tout, on admire tout, on s'occupe de tout, excepté du Dieu qui y réside. (Le P. de Neuville, *Sermon sur le respect dans les temples*.)

57e SUJET.

La vérité. — Il est étonnant combien la même vérité montrée aux hommes fait en eux d'impressions différentes. Pour les uns, c'est une lumière qui les éclaire, qui les délivre, qui leur rend leur devoir aimable, en le leur montrant ; aux autres, c'est une lumière importune, et comme un éblouissement qui les attriste et qui les gêne ; enfin, à plusieurs, un nuage épais qui les irrite, qui arme leur fureur et qui achève de les aveugler.

J'appelle vérité cette règle éternelle, cette lumière intérieure sans cesse présente au dedans de nous, qui nous montre sur chaque action ce qu'il faut faire ou ce qu'il faut éviter, qui éclaire nos doutes, qui juge nos jugements, qui nous approuve ou qui nous condamne en secret, selon que nos mœurs sont conformes ou contraires à sa lumière, et qui, plus vive et plus lumineuse

en certains moments , nous découvre plus évidemment la voie
que nous devons suivre. (Massillon , *Avent.*)

ANALYSE.

Quelles figures distingue-t-on dans ce passage?

Il y a au commencement des distinctions ou oppositions très-
justes et très-naturelles ; mais on remarque surtout à la fin une belle
définition de la vérité, présentée comme la lumière de la conscience.

---

§ 41. EXCLAMATION , ÉPIPHONÈME , OPTATION , DÉPRÉCATION.

QUESTIONS THÉORIQUES.

1. Qu'est-ce que l'*exclamation ?* — Cette figure a
lieu quand on exprime sa pensée sous une forme inter-
jective, plutôt que par une phrase complète.

2. Où s'emploie l'exclamation? — Elle s'emploie
dans tous les sujets. Bossuet en fait un bel usage dans
son *Oraison funèbre de la reine d'Angleterre :* « *O mère !
ô femme ! ô reine* admirable et digne d'une meilleure
fortune, si les fortunes de la terre étaient quelque
chose ! »

3. Qu'est-ce que l'*épiphonème ,* ou *acclamation ?* —
Cette figure ressemble beaucoup à l'exclamation ; elle
consiste à résumer un discours, un raisonnement, une
série d'exemples ou de propositions semblables, par une
pensée mise sous une forme exclamative.

4. Donnez un exemple d'épiphonème. — Voltaire,
vantant l'influence du goût français sur l'état des arts
et de la littérature en Angleterre, écrit : « L'évêque
Burnet avoue que ce goût, acquis en France par les
courtisans de Charles II, réforma chez vous jusqu'à la
chaire , malgré la différence de nos religions : *tant la
saine raison a partout d'empire !* »

5. Qu'est-ce que l'*optation ?* — C'est une figure par laquelle on exprime, sous une forme exclamative, le vif désir que l'on a d'une chose.

6. Donnez un exemple d'optation. — Cicéron, dans son discours *pour la loi Manilia*, s'écrie : « *Plût aux dieux*, Romains, que vous eussiez une telle quantité d'hommes courageux et probes, que le choix à faire entre eux vous devînt difficile ! »

7. Qu'est-ce que la *déprécation ?* — C'est une figure par laquelle on s'interrompt au milieu d'un discours, pour éloigner, par ses vœux, un danger futur ou une chose que l'on regarde comme mauvaise.

8. Donnez un exemple de déprécation. — Dans *Phèdre*, Thésée, inquiet du sort de son fils, à cause de la vengeance de Neptune qu'il a invoquée contre lui, s'écrie :

O ciel ! OEnone est morte, et Phèdre veut mourir !
Qu'on rappelle mon fils, qu'il vienne se défendre ;
Qu'il vienne me parler, je suis prêt de l'entendre.
Ne précipite point tes funestes bienfaits,
Neptune ; j'aime mieux n'être exaucé jamais.

EXERCICES.

58ᵉ SUJET.

Conquêtes des missionnaires. — Peuples des extrémités de l'Orient, votre heure est venue. Alexandre, ce conquérant rapide, que Daniel dépeint comme ne touchant pas la terre de ses pieds, lui qui fut si jaloux de subjuguer le monde entier, s'arrêta bien loin en deçà de vous ; mais la charité va plus loin que l'orgueil. Ni les sables brûlants, ni les déserts, ni les montagnes, ni la distance des lieux, ni les tempêtes, ni les écueils de tant de mers, ni l'intempérie de l'air, ni les flottes ennemies, ni les côtes barbares, ne peuvent arrêter ceux que Dieu envoie. Qui sont ceux-ci qui volent comme les nuées ? Vents,

portez-les sur vos ailes ! Que le Midi, que l'Orient, que les îles
inconnues les attendent et les regardent en silence venir de
loin. Qu'ils sont beaux les pieds de ces hommes qu'on voit venir
du haut des montagnes, apporter la paix, annoncer les biens
éternels, prêcher le salut, et dire : « O Sion, ton Dieu régnera
sur toi ! » Les voici, ces nouveaux conquérants, qui viennent
sans armes, excepté la croix du Sauveur ! Ils viennent, non
pour enlever les richesses et répandre le sang des vaincus,
mais pour offrir leur propre sang et communiquer le trésor céleste. (Fénelon, *Sermon pour le jour de l'Épiphanie.*)

ANALYSE.

Quelles figures trouve-t-on dans ce passage ?

Il y en a beaucoup et de plusieurs sortes :

1°. Une allusion aux voyages d'Alexandre et à la peinture qu'en
fait le prophète Daniel.

2°. Une énumération brillante et rapide des obstacles qui n'ar-
rêtent pas les missionnaires. Il faut y remarquer la répétition de la
conjonction *ni*, qui forme ce pléonasme étudié précédemment.

3°. Une optation : *que le Midi*, etc.

4°. Une exclamation : *qu'ils sont beaux !* etc.

Les autres figures seront étudiées plus tard.

---

§ 42. ANTITHÈSE, OPPOSITION, CORRECTION.

QUESTIONS THÉORIQUES.

1. Qu'est-ce que l'*antithèse ?* — Considérée comme
figure de pensée, l'*antithèse* oppose deux pensées l'une
à l'autre, comme l'antithèse de mots oppose deux
mots.

2. L'antithèse est-elle fort commune ? — A tout moment, les orateurs, les écrivains, les poëtes en font
usage en opposant deux pensées l'une à l'autre.

3. Donnez un exemple d'antithèse. — Pascal, comparant l'imagination à la raison, dit : « Elle ne peut
rendre sages les fous ; mais elle les rend contents, à
l'envi de la raison, qui ne peut rendre ses amis que

misérables. L'une les comble de gloire, l'autre les couvre de honte. »

4. Y a-t-il des antithèses où les mots soient opposés aussi bien que la pensée? — Oui ; alors l'antithèse est à la fois figure de pensée et figure de mots.

5. Donnez-en un exemple. — Chrysale, dans les *Femmes savantes*, dit :

> Enfin je vois par eux votre exemple suivi,
> Et j'ai des *serviteurs*, et ne suis point *servi*.

6. Qu'est-ce que l'antithèse lorsque les mots seuls sont opposés et que la pensée ne l'est pas? — Il ne reste qu'un jeu de mots puéril, un calembour qu'on a raison d'éviter, du moins dans le style sérieux.

7. L'antithèse prend-elle quelquefois un grand développement? — Oui, et alors on lui donne plutôt le nom d'*opposition*. C'est ainsi qu'il faut désigner les deux portraits si vrais et si justement célèbres que La Bruyère fait du riche et du pauvre dans ses *Caractères*.

8. Qu'est-ce que la *correction* ? — Cette figure consiste à corriger ses termes ou ses pensées, comme si on ne les trouvait pas assez forts ou assez justes.

9. Donnez un exemple. — Phèdre, dans la tragédie qui porte son nom, s'écrie :

> Où me cacher? Fuyons dans la nuit infernale.
> Mais *que dis-je!* mon père y tient l'urne fatale;
> Le Sort, dit-on, l'a mise en ses sévères mains.

10. Sur quoi tombe ici la correction? — Elle tombe sur la pensée. Phèdre veut fuir aux enfers, et se reprend en songeant que Minos y juge les morts, et qu'elle devra se présenter devant lui.

11. Donnez un exemple de correction qui tombe sur les mots. — La Bruyère représente ainsi l'amateur d'oiseaux : « Diphile commence par un oiseau et finit

4.

par mille : la maison n'en est pas *infectée*, mais *empes-*
tée ; la cour, la salle, l'escalier, le vestibule, les cham-
bres, le cabinet, tout est volière ; ce n'est plus un *ra-*
mage, c'est un *vacarme*.... Ce n'est plus pour Diphile
un *agréable amusement*, c'est une *affaire laborieuse*,
et à laquelle à peine il peut suffire. »

EXERCICES.

59e SUJET.

J'ai ressenti, monsieur, avec une grande amertume la perte
que vous avez faite ; j'en ai encore le cœur malade. Vous avez
vu de près, dans un exemple si touchant, la vanité et l'illusion
du songe de cette vie. Les hommes tiennent beaucoup au monde,
mais le monde ne tient guère à eux. La vie, qui est si fragile
pour tous les hommes, l'est infiniment davantage pour ceux de
votre profession. Ils n'ont aucun jour d'assuré, quelque santé
dont ils jouissent. Ils ne s'occupent que des amusements de la
vie, qu'ils exposent continuellement : ils ne pensent presque
jamais à la mort, au-devant de laquelle ils vont, comme si elle
ne venait pas assez vite.

On est sans cesse dans la main de Dieu sans songer à lui, et
l'on se sert de tous ses dons pour l'offenser. On ne voudrait pas
mourir dans sa haine éternelle, mais on ne veut point vivre
dans son amour. On avoue que tout lui est dû, et l'on ne veut
rien faire pour lui. On lui préfère les amusements qu'on méprise
le plus. On n'oserait nommer les choses qu'on met souvent
dans son cœur au-dessus de lui. On connaît l'indignité du
monde, et on le sert avec bassesse ; on connaît la grandeur et
la bonté infinie de Dieu, et l'on ne lui donne que de vaines cé-
rémonies. En cet état, on est autant contraire à sa raison qu'à la
foi. (Fénelon, *Correspondance*.)

ANALYSE.

Quelles figures distinguez-vous ici ?

On distingue ici plusieurs figures, savoir :
1°. Une belle métaphore : *le songe de cette vie.*

2°. Cette antithèse qu'on nomme renversement : *les hommes tiennent au monde*, etc.

3°. Une énumération : *ils n'ont.... ils ne s'occupent.... ils ne pensent....*

4°. Une suite d'antithèses de pensées fort belles jusqu'à la fin du morceau.

60ᵉ SUJET.

Rappelez tous les grands hommes que la religion a soumis dans tous les siècles; des princes si magnanimes, des conquérants si religieux, des pasteurs si vénérables, des philosophes si éclairés, des savants si estimés, de beaux esprits si vantés dans leur siècle, des martyrs si généreux, des anachorètes si pénitents, des vierges si pures et si constantes, des héros en tout genre de vertu. La philosophie prêchait une sagesse pompeuse; mais son sage ne se trouvait nulle part. Ici quelle nuée de témoins! quelle tradition non interrompue de héros chrétiens depuis le sang d'Abel jusqu'à nous !

Or, je vous demande, rougirez-vous de marcher sur les traces de tant de noms illustres? Mettez d'un côté tous les grands hommes que la religion a donnés au monde dans tous les siècles, et de l'autre côté ce petit nombre d'esprits noirs et désespérés que l'incrédulité a produits. Vous paraît-il plus glorieux de vous ranger dans ce dernier parti? de prendre pour vos guides et pour vos modèles ces hommes dont les noms ne se présentent à notre souvenir qu'avec horreur, ces monstres qu'il a plu à la Providence de permettre que la nature enfantât de temps en temps, ou les Abraham, les Joseph, les Moïse, les David, les hommes apostoliques, les justes de l'ancien et du nouveau temps? (Massillon, *Carême*.)

ANALYSE.

Quelles figures trouve-t-on dans cet extrait?

Il y a d'abord une énumération rapide : *des princes si magnanimes.... des héros en tout genre de vertu.*

2°. Une opposition entre la stérilité de la philosophie ancienne et la fécondité de la religion : *la philosophie.... jusqu'à nous.*

3°. Une exclamation dans la dernière partie de cette opposition : *quelle nuée !... quelle tradition !...*

4°. Une seconde opposition entre les modèles que nous offre l'erreur et les guides que la religion nous propose : *mettez d'un côté.... a produits.*

5°. Une suite d'autres oppositions en réponse à la question : *Vous paratt-il plus glorieux?...* jusqu'à la fin.

61° SUJET.

Développez par une opposition bien soutenue cette pensée, que le bonheur que nous offre le monde n'est pas celui que nous propose l'Évangile.

COMPOSITION.

Sire, si le monde parlait ici à la place de Jésus-Christ, sans doute il ne tiendrait pas à Votre Majesté le même langage. Heureux le prince, vous dirait-il, qui n'a jamais combattu que pour vaincre; qui n'a vu tant de puissances armées contre lui que pour leur donner une paix plus glorieuse, et qui a toujours été plus grand ou que le péril ou que la victoire!

Heureux le prince qui, durant le cours d'un règne long et florissant, jouit à loisir des fruits de sa gloire, de l'amour de ses peuples, de l'estime de ses ennemis, de l'admiration de l'univers, de l'avantage de ses conquêtes, de la magnificence de ses ouvrages, de la sagesse de ses lois, de l'espérance auguste d'une nombreuse postérité, et qui n'a plus rien à désirer que de conserver longtemps ce qu'il possède!

Ainsi parlerait le monde. Mais, sire, Jésus-Christ ne parle pas comme le monde.

Heureux, vous dit-il, non celui qui fait l'admiration de son siècle, mais celui qui fait sa principale occupation du siècle à venir, et qui vit dans le mépris de soi-même et de tout ce qui passe, parce que le royaume du ciel est à lui : *Beati pauperes spiritu, quoniam ipsorum est regnum cœlorum.*

Heureux, non celui dont l'histoire va immortaliser le règne et les actions dans le souvenir des hommes, mais celui dont les larmes auront effacé l'histoire de ses péchés du souvenir de Dieu même, parce qu'il sera éternellement consolé : *Beati qui lugent, quoniam ipsi consolabuntur.*

Heureux, non celui qui aura étendu par de nouvelles conquêtes les bornes de son empire, mais celui qui aura su renfermer ses désirs et ses passions dans les bornes de la loi de Dieu, parce qu'il possédera une terre plus durable que l'empire de l'univers : *Beati mites, quoniam ipsi possidebunt terram.*

Heureux, non celui qui, élevé par la voix des peuples au-dessus de tous les princes qui l'ont précédé, jouit à loisir de sa grandeur et de sa gloire, mais celui qui, ne trouvant rien sur le trône même digne de son cœur, ne cherche de parfait bonheur ici-bas que dans la vertu et dans la justice, parce qu'il sera rassasié : *Beati qui esuriunt et sitiunt justitiam, quoniam ipsi saturabuntur.*

Heureux, non celui à qui les hommes ont donné les titres glorieux de grand et d'invincible, mais celui à qui les malheureux donnent devant Jésus-Christ le titre de père et de miséricordieux, parce qu'il sera traité avec miséricorde : *Beati misericordes, quoniam ipsi misericordiam consequentur.*

Heureux enfin, non celui qui, toujours arbitre de la destinée de ses ennemis, a donné plus d'une fois la paix à la terre, mais celui qui a pu se la donner à soi-même, et bannir de son cœur les vices et les affections déréglées qui en troublent la tranquillité, parce qu'il sera appelé enfant de Dieu : *Beati pacifici, quoniam filii Dei vocabuntur.*

Voilà, sire, ceux que Jésus-Christ appelle heureux, etc. (Massillon, *Exorde d'un sermon pour le jour de la Toussaint.*)

---

§ 43. CONCESSION, PERMISSION.

QUESTIONS THÉORIQUES.

1. Qu'est-ce que la *concession ?* — C'est une figure par laquelle on accorde quelque chose à son adversaire, mais pour en tirer sur-le-champ avantage contre lui.

2. Donnez un exemple de concession. — Boileau, dans sa neuvième satire, juge ainsi Chapelain :

> *Qu'on vante* en lui la foi, l'honneur, la probité ;
> *Qu'on prise* sa candeur et sa civilité ;
> *Qu'il soit doux,* complaisant, officieux, sincère....
> On le veut, *j'y souscris,* et suis prêt à me taire.
> *Mais que* pour un modèle *on vante* ses écrits,
> Qu'il soit le mieux renté de tous les beaux esprits,
> Comme roi des auteurs *qu'on l'élève* à l'empire,
> *Ma bile* alors *s'échauffe,* et je brûle d'écrire.

3. Qu'est-ce que la *permission ?* — C'est une figure par laquelle on permet, on recommande même à ses auditeurs de faire une chose que l'on sait ou que l'on suppose qu'ils ne feront pas, que dans tous les cas on ne veut pas qu'ils fassent.

4. Comment la permission diffère-t-elle de la concession ? — La différence est que dans celle-ci on accorde

une chose pour en refuser une autre ; dans la permission, au contraire, on accorde tout, on ne revient sur
rien.

5. Donnez un exemple de permission. — Dans *Bri-
tannicus*, Agrippine dit à Néron :

> .... Poursuis, Néron : avec de tels ministres
> Par des faits glorieux tu vas te signaler.
> Poursuis ; tu n'as pas fait ce pas pour reculer :
> Ta main a commencé par le sang de ton frère,
> Je prévois que tes coups viendront jusqu'à ta mère.

62e SUJET.

BARTHOLO. C'est toujours quelqu'un posté là exprès qui ra-
masse les papiers qu'une femme a l'air de laisser tomber par
mégarde. — ROSINE. A l'air, monsieur ? — BARTHOLO. Oui, madame, a l'air. Mais tout cela n'arrivera plus ; car je vais faire
sceller cette grille. — ROSINE. Faites mieux, murez les fenêtres tout d'un coup : d'une prison à un cachot, la différence
est si peu de chose ! (Beaumarchais, *le Barbier de Séville*.)

ANALYSE.

Quelles figures distinguez-vous dans ce dialogue ?

1°. Une ellipse très-forte : *a l'air, monsieur* ; c'est-à-dire, vous
dites, monsieur, que cette femme *a l'air* de laisser tomber, etc.

2°. La même ellipse : *oui, madame, a l'air* ; c'est-à-dire, oui,
madame, je soutiens ou je répète que cette femme *a l'air*, etc.

3°. Une permission : *murez les fenêtres tout d'un coup*, etc.

4°. Un épiphonème : *d'une prison*, etc.

---

§ 44. AMPLIFICATION, INSISTANCE, GRADATION, HYPERBOLE, SUSPENSION.

QUESTIONS THÉORIQUES.

1. Qu'est-ce que *l'amplification ?* — C'est une figure par laquelle les diverses parties d'un raisonnement
sont disposées de manière à se faire ressortir et à s'amplifier, en quelque sorte, l'une l'autre. C'est donc moins

une figure qu'une bonne disposition de ce que l'on a à dire.

2. Qu'est-ce que l'*insistance ?* — L'*insistance* a de l'analogie avec l'amplification : elle consiste en ce qu'un orateur insiste sur un des points qu'il a traités, pour le graver plus profondément dans l'esprit de l'auditeur.

3. Donnez un exemple de cette figure. — D'après Saint-Évremond, un commandeur fort peu instruit combat de toute sa force le goût de la littérature ou des langues anciennes : « Du latin ! de mon temps, du latin ! un gentilhomme en eût été déshonoré. Je connais les grandes qualités de M. le Prince (de Condé), et je suis son serviteur ; mais je vous dirai que le dernier connétable de Montmorency a su maintenir son crédit dans les provinces et sa considération à la cour sans savoir lire. *Peu de latin, vous dis-je, et de bon français.* »

4. Qu'est-ce que la *gradation ?* — C'est une figure par laquelle on passe d'une idée à une autre plus forte, et ainsi successivement.

5. Donnez un exemple de gradation. — Massillon, parlant du monde dans son sermon sur la mort, dit : « Rien ne demeure, tout change, tout s'use, tout s'éteint. »

6. Expliquez cet exemple. — Il est visible que chacune de ces petites sections de phrase est plus forte que la précédente : *tout change* dit plus que *rien ne demeure; tout s'use* est plus fort que *tout change ;* et enfin le dernier terme de l'usure, c'est l'extinction, l'anéantissement : *tout s'éteint* est donc plus fort que ce qui le précède ; c'est là une *gradation.*

7. N'avons-nous pas déjà vu une figure de mots qui portait le nom de *gradation ?* — Oui; mais, comme elle était fondée sur la répétition d'un mot qui nous faisait passer à un plus fort, nous l'avons rapportée à la répétition.

8. Qu'est-ce que l'*hyperbole?* — C'est une figure par laquelle nous nous servons de mots qui, à les prendre à la lettre, vont au delà de la vérité, et représentent le plus ou le moins pour faire entendre quelque excès en grand ou en petit.

9. Donnez un exemple d'hyperbole. — Si nous voulons faire comprendre la légèreté d'un cheval qui court extrêmement vite, nous disons qu'il va *plus vite que le vent.*

10. Qu'appelle-t-on *style oriental?* — C'est un style figuré, chargé de métaphores et d'hyperboles.

11. Que faut-il éviter dans l'hyperbole? — Il faut soigneusement éviter l'excès, surtout dans le style sévère. Comme par elle-même cette figure offre toujours quelque chose de faux, il faut bien prendre garde de dépasser la limite que nos habitudes de langage nous font supporter.

12. Donnez un exemple d'hyperbole ridicule. — Malherbe, ordinairement si sensé et si juste, dans son *Ode sur la mort d'Henri IV*, compare les pleurs de la reine au débordement de la Seine :

> L'image de ses pleurs, dont la source féconde
> Jamais depuis ta mort ses vaisseaux n'a taris,
> C'est la *Seine en fureur qui déborde son onde*
>   *Sur les quais de Paris.*

13. Qu'est-ce que la *suspension ?* — C'est une figure par laquelle on tient en suspens l'esprit de l'auditeur, pour l'arrêter ensuite sur une chose à laquelle il ne s'attend pas.

14. Donnez un exemple de suspension. — Bossuet dit en parlant de la reine d'Angleterre : « Combien de fois a-t-elle, en ce lieu, remercié Dieu humblement

de deux grandes grâces : l'une de l'avoir fait chrétienne ; l'autre.... messieurs, qu'attendez-vous ? peut-être d'avoir rétabli les affaires du roi son fils ? Non, c'est de l'avoir fait reine malheureuse. »

15. N'y a-t-il pas des suspensions plaisantes ? — On a quelquefois employé la suspension par plaisanterie, en ramenant la pensée de l'auditeur sur une chose petite ou mesquine, lorsque les phrases précédentes semblaient annoncer des considérations grandes ou majestueuses.

16. Qu'est-ce que l'*imprévu* ? — C'est une espèce de suspension plus courte, par laquelle on fait une réponse ou on apporte une raison qui paraît d'abord tout à fait contraire soit au bon sens, soit à l'opinion commune.

17. Donnez un exemple de cette figure et expliquez-le. — Dans le conte des *Quatre Facardins*, deux personnages se rencontrent, et l'un d'eux demande à l'autre pourquoi il s'appelle Facardin, à quoi celui-ci répond : « Parce que *ce n'est pas* mon nom. » On attendait évidemment la réponse contraire, savoir, que c'était son nom.

EXERCICES.

63e SUJET.

Si l'arche ne put rester autrefois un moment à côté de Dagon sans le renverser et le mettre en pièces, la véritable arche d'alliance, Jésus-Christ peut-il demeurer au dedans d'une idole abominable, d'une âme corrompue, sans éclater et réduire en poudre le corps criminel qui le renferme ? Si un feu vengeur sortit autrefois du fond du sanctuaire pour dévorer des téméraires qui venaient offrir de l'encens avec un feu étranger, ne devrait-il pas sortir de l'autel où réside le Roi de gloire des flammes vengeresses pour consumer les pécheurs qui viennent attenter à la majesté de leur Dieu? Si l'on ne pouvait autrefois approcher de la montagne où le Seigneur donnait la loi, sans être foudroyé, Jésus-Christ sur l'autel, sur cette montagne mystérieuse où il est le législateur de son Église, devrait sans doute lancer des foudres pour venger sa gloire et punir l'insolence du profanateur qui vient encore l'outrager dans le lieu de son repos. Mais il exerce des punitions plus secrètes et plus terribles, dont les autres ne sont que de faibles figures. Ce n'est pas dans son sanctuaire que sa justice allume un feu vengeur, c'est dans le lieu des supplices, où il ne s'éteindra plus; ce n'est pas en frappant le pécheur d'une mort sensible qu'il le punit, c'est en le frappant d'un anathème invisible; ce n'est pas en déchirant les entrailles de l'âme sacrilége, c'est en fermant ses propres entrailles à tous ses besoins, c'est en l'abandonnant, c'est en le livrant à un sens réprouvé, et à toute la corruption de son cœur. (Massillon, *Carême*.)

ANALYSE.

Quelle est la forme de ce style? et quelles figures remarque-t-on dans ce morceau?

Ce morceau est écrit presque entièrement dans le style périodique; il y a en effet:

1°. Une période à trois membres : *si l'arche*, etc.

2°. Une période à quatre membres : *si un feu vengeur*, etc.

3°. Une autre période à quatre membres : *si l'on ne pouvait*, etc.

4°. Une grande période à trois membres, chacun de ces membres ayant deux incises : *ce n'est pas*, etc., jusqu'à la fin.

Outre ces périodes, il y a des allusions à l'arche.... au feu vengeur.... à la montagne de Sinaï.... et ces allusions servent de base à des comparaisons par amplification qui font ressortir la grandeur de Jésus-Christ.

Cette belle amplification se termine par des antithèses formant gradation entre la punition actuelle ou présente du sacrilége et la punition future.

64ᵉ SUJET.

Le vrai chrétien. — Montrez, par une énumération rapide quelle est la modestie et l'humilité du vrai chrétien; et, par quelques antithèses naturelles, combien cette humilité le met au-dessus des hommes du siècle.

COMPOSITION.

La religion élève le chrétien au-dessus de sa vertu même. Elle le rend encore plus grand dans le secret du cœur, et aux yeux de Dieu, que devant les hommes. Il pardonne sans orgueil ; il est désintéressé sans faste ; il souffre sans vouloir qu'on s'en aperçoive ; il modère ses passions sans s'en apercevoir lui-même ; lui seul ignore la gloire et le mérite de ses actions ; loin de jeter des regards de complaisance sur lui-même, il a honte de ses vertus plus que le pécheur n'en a de ses vices ; loin de chercher d'être applaudi, il cache ses œuvres de lumière, comme si c'étaient des œuvres de ténèbres ; il n'entre dans sa vertu que l'amour du devoir ; il n'agit que sous les yeux de Dieu seul, et comme s'il n'y avait plus d'hommes sur la terre. Quelle élévation ! Trouvez, si vous le pouvez, quelque chose de plus grand dans l'univers. Repassez sur tous les divers genres de gloire dont le monde honore la vanité des hommes, et voyez si tous ensemble ils peuvent atteindre à ce degré de grandeur où la religion élève l'homme de bien. (Massillon, *Carême*.)

---

§ 45. EUPHÉMISME, DIMINUTION.

QUESTIONS THÉORIQUES.

1. Qu'est-ce que l'*euphémisme ?* — C'est une figure par laquelle on déguise des idées désagréables, odieuses ou tristes, sous des noms qui ne sont point les noms propres de ces idées. En ce sens, l'euphémisme est un trope.

2. Comment l'euphémisme est-il une figure de pensée ? — Parce qu'on peut y rapporter ces périphrases ou circonlocutions dont un orateur délicat enveloppe habilement une idée qui, toute simple, exciterait peut-être dans l'esprit de ceux à qui il parle une image ou des sentiments peu favorables à son dessein principal.

3. Dans ce nouveau sens, qu'est-ce que l'euphémisme ? — C'est réellement une figure de pensée par laquelle on fait entendre seulement quelque chose, en supprimant ce qu'il peut y avoir de dur dans l'expression.

4. Donnez un exemple d'euphémisme. — Milon avait tué Clodius, ou l'avait fait tuer par ses esclaves. Cicéron, plaidant pour lui devant le sénat, n'a garde d'avouer ce crime ; il trouve une forme adoucie, et dit seulement que ce personnage étant attaqué par Clodius, « les esclaves de Milon firent alors pour leur maître *ce que tout maître eût voulu que ses esclaves fissent en pareille occasion.* »

5. Quel est le moyen généralement employé pour l'euphémisme ? — Il consiste presque toujours à employer, au lieu du nom précis de la chose désagréable, quelqu'une des circonstances qui l'accompagnent, la précèdent ou la suivent. La règle importante alors, c'est que la circonstance choisie soit assez caractéristique pour faire entendre clairement ce que l'on veut dire.

6. Qu'est-ce que la *diminution* ou *atténuation?* — C'est, en quelque façon, le contraire de l'hyperbole. C'est une figure par laquelle on se sert de mots qui, pris à la lettre, semblent affaiblir la pensée ; mais l'orateur sait bien que les idées accessoires en feront sentir toute la force. On dit le moins par modestie ou par égard ; mais ce moins réveillera l'idée du plus.

7. Donnez un exemple de diminution. — Cicéron, dans son traité *de l'Amitié,* après avoir nommé les Paul-Émile, les Caton, les Scipion, ajoute : « La vie commune s'en *contente.* » Il veut dire qu'elle s'en *glorifie.* Il a donc pris un terme très-faible pour en faire entendre un beaucoup plus fort.

————

§ 46. PRÉTÉRITION, RÉTICENCE.

QUESTIONS THÉORIQUES.

1. Qu'est-ce que la *prétérition?* — C'est une figure

par laquelle on annonce qu'on ne dira pas ce que l'on dit en effet.

2. Donnez un exemple de prétérition. — Fléchier, chez nous, emploie souvent cette figure. Il dit, dans son *Oraison funèbre de Turenne :* « *N'attendez pas,* messieurs, que j'ouvre ici une scène tragique, que je représente ce grand homme étendu sur ses propres trophées, que je découvre ce corps pâle et sanglant, auprès duquel fume encore la foudre qui l'a frappé ; que je fasse crier son sang comme celui d'Abel, et que j'expose à vos yeux les tristes images de la patrie et de la religion éplorées. »

3. Qu'est-ce que la *réticence ?* — C'est une sorte de prétérition où l'orateur commence l'expression de sa pensée, et s'arrête avant de l'avoir achevée.

4. Donnez un exemple de réticence. — Racine dit dans *Athalie :*

En l'appui de ton Dieu tu t'étais reposé :
De ton espoir frivole es-tu désabusé?
Il laisse à mon pouvoir et ton temple et ta vie.
Je devrais sur l'autel où ta main sacrifie
Te.... Mais du prix qu'on m'offre il faut me contenter :
Ce que tu m'as promis, songe à l'exécuter.

5. D'où vient que la réticence augmente, en général, et amplifie ce que l'on veut dire ? — Parce qu'on a l'air de reculer devant l'expression complète de sa pensée, comme si, en effet, elle était au-dessus de la parole, ou trop triste, trop odieuse, trop menaçante pour être énoncée ouvertement.

6. Que faut-il pour que la réticence produise tout cet effet ? — Il faut, d'abord, que la pensée s'entende clairement malgré le silence que l'on garde, et ensuite que la réticence soit fort rare, afin qu'on n'ait pas à repro-

cher à l'orateur que la crainte l'empêche toujours de parler.

————

EXERCICES.

65ᵉ SUJET.

Heureux, mes chers auditeurs, ceux qui vivront dans ce temps de tribulation, où la colère céleste se manifestera par des signes si terribles, et réveillera dans les pécheurs la crainte des jugements de Dieu. Si nous avions ces spectacles redoutables à vous mettre devant les yeux, le soleil éclipsé, la lune teinte de sang, les étoiles détachées du ciel, la terre ébranlée jusque dans ses fondements, la mer en fureur et hors de ses bornes, les éléments confondus et toute la nature déconcertée, peut-être pourrions-nous alors exciter dans vos âmes une crainte salutaire qui vous mettrait en état de prévenir le jour terrible des vengeances de la justice divine, ce jour amer, ce jour funeste, ce jour plein de colère et d'indignation. Dans ces heureux temps où la foi vive des fidèles les rendait dociles à la parole de Dieu, où la simple exposition de l'Évangile sur le jugement faisait trembler le pécheur, peuplait les déserts de solitaires, et donnait à l'Église des vierges, des martyrs et des confesseurs, je n'aurais eu garde de former un tel souhait. Je sais que le Prophète m'avertit de ne point désirer le jour du Seigneur; je sais que la seule attente des maux qui doivent arriver au monde fera sécher les hommes de frayeur. Mais, encore une fois, que puis-je souhaiter de plus salutaire à un siècle aussi dur et aussi insensible que le nôtre? (Le P. Cheminais, *Exorde du sermon sur le jugement dernier.*)

ANALYSE.

Quelles figures de pensée remarque-t-on dans ce passage?

On en remarque plusieurs, savoir :

1°. Une exclamation : *heureux ceux*, etc.

2°. Une prétérition très-belle et en même temps une énumération magnifique : *si nous avions....* jusqu'à *une crainte salutaire.*

3°. Une antithèse et une énumération : *dans ces heureux temps*, etc..... *rendait.... faisait.... peuplait.... donnait*, etc...

centered66e SUJET.

On s'imagine qu'on ne fait dans le monde que ce qu'on veut, parce qu'on sent le goût de ses passions, par lesquelles on est entraîné; mais compte-t-on les dégoûts affreux, les ennuis mortels, les mécomptes inséparables des plaisirs, les humiliations qu'on a à essuyer dans les places les plus élevées? Au dehors tout est riant; au dedans tout est plein de chagrin et d'inquiétudes. On croit être libre, quand on ne dépend plus que de ses passions : folle erreur! Y a-t-il au monde un état où l'on ne dépende pas encore davantage des fantaisies d'autrui que des siennes? Tout le commerce de la vie est gêné par les bienséances et par la nécessité de complaire aux autres.

D'ailleurs nos passions sont le plus rude de tous les tyrans : si on ne les suit qu'à demi, il faut à toute heure être aux prises contre elles, et ne respirer jamais un seul moment en sûreté. Elles trahissent, elles déchirent le cœur; elles foulent aux pieds la raison et l'honneur; elles ne disent jamais : « C'est assez. » Quand même on serait sûr de les vaincre toujours, quelle affreuse victoire! Si, au contraire, on s'abandonne au torrent, où vous entraînera-t-il? J'ai horreur de le penser; vous n'osez le penser vous-mêmes. (Fénelon, *Instruction et avis.*)

centeredANALYSE.

Quelles figures y a-t-il dans cet extrait?

1°. Métaphores : *les passions, par lesquelles on est entraîné.*
2°. Enumérations : *les dégoûts affreux.... élevées?*
3°. Antithèse : *au dehors....* jusqu'à la fin.
4°. Ellipse : *folle erreur!*
5°. Métaphores consécutives : *nos passions.... c'est assez.*
6°. Amplification et exclamation : *Quand même.... victoire!*
7°. Réticence : *si au contraire.... vous-mêmes.*

centered§ 47. INTERROGATION.

centeredQUESTIONS THÉORIQUES.

1. Qu'est-ce que l'*interrogation?* — C'est une figure par laquelle l'orateur adresse à son adversaire ou au public une ou plusieurs questions auxquelles il sait bien

qu'on ne répondra pas ; mais l'effet 'n'est pas moin
produit, parce que les questions sont faites de manière
que les réponses soient évidentes ; et alors la forme de
l'interrogation donne au discours une extrême vivacité

2. Donnez un exemple d'interrogation. — Cicéron
commence son premier discours contre Catilina par
une suite d'interrogations adressées à ce conspirateur,
qui venait d'entrer dans le sénat : « *Jusques à quand*,
Catilina, abuserez-vous de notre patience ? *Devons-nous*
encore longtemps être le jouet de votre fureur ? *Quelles*
seront les bornes de cette audace effrénée ? »

3. L'interrogation n'est-elle pas quelquefois *délibé-*
rative ou *dubitative ?* — Oui ; alors elle ressemble beaucoup à la dubitation, et a souvent beaucoup de noblesse.

4. Donnez-en un exemple. — Horace commence
ainsi la douzième ode de son premier livre, qu'il termine
par les louanges d'Auguste : « O muse, *quel grand*
homme, quel héros chanteras-tu sur la lyre, ou en t'ac-
compagnant de la flûte ? de *quel dieu* l'écho répétera-t-
il les louanges sur les sommets ombragés de l'Hélicon,
ou sur le Pinde, ou sur l'Hémus ? *Par quoi* pourrions-
nous commencer mieux que par les louanges du père
des dieux et des hommes ? »

5. L'interrogation ne se joint-elle pas à quelque autre
figure ? — Oui, quelquefois l'interrogation se joint à
l'exclamation. Bossuet dit, dans son *Oraison funèbre*
de la duchesse d'Orléans : « Princesse, dont la destinée
est si grande et si glorieuse, *faut-il donc* que vous nais-
siez en la puissance des ennemis de votre maison ? »

6. Ne se joint-elle pas quelquefois à l'optation ? — Oui,
comme dans ce beau chœur d'*Esther :*

O rives du Jourdain ! ô champs aimés des cieux !

Sacrés monts ! fertiles vallées
Par cent miracles signalées !
Du doux pays de nos aïeux
Serons-nous toujours exilées?

7. A quoi sert-elle le plus souvent ? — Le plus souvent, elle est simple, et sert seulement à jeter plus de vivacité dans le discours. C'est alors une des figures de pensée les plus communes et les plus répétées ; il n'y a presque pas de discours un peu animé où on ne la trouve à toutes les pages.

EXERCICES.

67e SUJET.

La multitude adore les divinités de chair et de sang, dont elle espère ce qu'on nomme fortune. L'avarice, qui est une idolâtrie, selon saint Paul, tient le cœur asservi. On n'adore plus, comme saint Chrysostôme le remarque, des idoles d'or et d'argent ; mais l'or et l'argent même sont adorés, et c'est en eux que l'on espère. Bien loin, bien loin de vendre tout, ajoute ce Père, comme les premiers chrétiens, on achète sans fin : que dis-je : on achète? on acquiert aux dépens d'autrui ; on usurpe par artifice et par autorité. Bien loin de soulager les pauvres, on en fait de nouveaux. Des créanciers sans nombre languissent et sont ruinés, faute d'avoir leur bien. Voyez-vous ces chrétiens qui se mordent, qui se déchirent, qui aiguisent leurs langues envenimées, et arment leurs mains pour les tremper dans le sang de leurs frères? Les voyez-vous eux-mêmes, rongés par les noires fureurs de l'envie et de la vengeance? Les voyez-vous noyés sans pudeur dans les sales plaisirs, et abrutis par des passions monstrueuses? Dieu se retire, et, dans sa colère, il les livre aux désirs de leur cœur. Ils croient tout voir, ils croient tout entendre, et ils ne voient et n'entendent rien. Ils marchent à tâtons sur le bord de l'abîme ; l'esprit d'ivresse et de vertige les assoupit ; ils mourront sans savoir ce qu'ils sont, ni qui les a faits. (Fénelon, *Sermon pour la fête de saint Bernard.*)

ANALYSE.

Quelles figures trouve-t-on dans ce morceau ?

1°. Deux métaphores : *des divinités de chair et de sang.... cœur asservi.*

2°. Une antithèse et une gradation : *on n'adore plus.... espère.*

3°. Une autre gradation : *on achète, on acquiert, on usurpe....*

4°. Une antithèse, *bien loin.... de nouveaux.*

5°. Une série d'interrogations et de métaphores : *voyez-vous.... monstrueuses.*

6°. Une autre suite de métaphores et d'antithèses : *Dieu se retire.... qui les a faits.*

68e SUJET.

Montrez par une suite d'interrogations le néant de la vie humaine, et les erreurs de tous les âges : la précipitation insensée de la jeunesse, l'agitation de l'âge mûr pour établir son crédit ou sa fortune; la paresse, l'impuissance et les craintes de la vieillesse.

COMPOSITION.

Considérons à quoi se passe la vie humaine. Chaque âge n'a-t-il pas ses erreurs et sa folie? Qu'y a-t-il de plus insensé que la jeunesse bouillante, téméraire et mal avisée, toujours précipitée dans ses entreprises, et que la violence de ses passions empêche de connaître ce qu'elle fait? La force de l'âge se consume en mille soins et mille travaux inutiles. Le désir d'établir son crédit et sa fortune, l'ambition, les vengeances et les jalousies, quelles tempêtes ne causent-elles pas à cet âge? Et la vieillesse paresseuse et impuissante, avec quelle pesanteur s'emploie-t-elle aux actions vertueuses! Combien elle est froide et languissante! Combien trouble-t-elle le présent par la vue d'un avenir qui lui est funeste! (Bossuet, *Sermon sur la loi de Dieu.*)

---

§ 48. DIALOGISME, DUBITATION, SUBJECTION, COMMUNICATION.

QUESTIONS THÉORIQUES.

1. Qu'est-ce que le *dialogisme?* — Le *dialogisme* consiste à supposer un dialogue entre deux ou plusieurs personnages. On expose ainsi avec plus de vivacité les

opinions que l'on veut mettre en regard , ou pour les soutenir, ou pour les combattre , ou pour les faire saisir à
l'auditeur.

2. Donnez-en un exemple. — Madame de Sévigné,
dans sa lettre à M. de Coulanges sur le mariage de Lau-
zun, donne à deviner à M. de Coulanges et à sa femme
le nom de celle qu'il épouse : « Madame de Coulanges dit:
Voilà qui est bien difficile à deviner ! c'est madame de
La Vallière ! — Point du tout, madame. — C'est donc
mademoiselle de Retz? — Point du tout. Vous êtes bien
provinciale. — Ah ! vraiment, nous sommes bien bêtes !
dites-vous. C'est mademoiselle Colbert. — Encore
moins. — C'est mademoiselle de Créqui? — Vous n'y
êtes pas. Il faut donc à la fin vous le dire. »

3. Qu'est-ce que la *dubitation?* — C'est une figure
par laquelle l'orateur semble hésiter entre plusieurs
mots, plusieurs partis à prendre, plusieurs sens à donner à une action.

4. Donnez un exemple de dubitation. — Molière met
dans la bouche d'Alceste une dubitation très-piquante.
Ce personnage demande à Célimène quelle raison l'at-
tache à un courtisan sans mérite comme Clitandre :

> Est-ce par *l'ongle long* qu'il porte au petit doigt
> Qu'il s'est acquis chez vous l'honneur où l'on le voit?
> Vous êtes-vous rendue, avec tout le beau monde,
> Au *mérite éclatant* de sa perruque blonde?
> *Sont-ce ses grands canons* qui vous le font aimer?
> *L'amas de ses rubans* a-t-il su vous charmer?
> Est-ce par les *appas de sa vaste rhingrave*
> Qu'il a gagné votre âme en faisant votre esclave?
> Ou *sa façon de rire* et son *ton de faucet*
> *Ont-ils* de vous toucher su trouver le secret?

5. Qu'est-ce que la *subjection ?* — C'est une figure
par laquelle on répond d'avance aux difficultés qui peuvent se présenter ; on explique ce que l'on a voulu faire

ou dire. La forme la plus commune dans cette figure
consiste à s'interroger soi-même et à se répondre.

6. **Donnez un exemple de subjection.** — Cette épigramme de Rousseau est célèbre :

> *Est-on héros* pour avoir mis aux chaînes
> Un peuple ou deux? *Tibère* eut cet honneur.
> *Est-on héros* en signalant ses haines
> Par la vengeance ? *Octave* eut ce bonheur.
> *Est-on héros* en régnant par la peur ?
> *Séjan* fit tout trembler, jusqu'à son maître.
> Mais de son ire éteindre le salpêtre,
> Savoir se vaincre et réprimer les flots
> De son orgueil, c'est ce que j'appelle être
> Grand par soi-même, et voilà mon héros.

7. **La subjection n'est-elle jamais mauvaise ?** — La
subjection, quand elle fait passer sous les yeux du lecteur de trop petits objets, ou que les questions que s'a-
dresse l'orateur n'ont aucune importance, devient ridicule et montre seulement de sa part un transport affecté.

8. **Qu'est-ce que la *communication* ?** — C'est une
figure par laquelle l'orateur semble ou délibérer avec
son adversaire sur ce qu'il doit faire, ou entrer dans ses
sentiments pour le faire ensuite entrer dans les siens.

9. **Donnez un exemple de communication.** — Dans
Polybe, Scipion parle ainsi à Annibal : « *Que me reste-
t-il à faire ? mettez-vous à ma place, faut-il* retrancher
du traité les conditions les plus dures, afin que les Car-
thaginois reçoivent le prix de leur infidélité et apprennent ainsi aux autres peuples à violer leurs serments ? »

EXERCICES.

69ᵉ SUJET.

Me suis-je fait moi-même? Non. Cependant il est certain que

je n'ai pas toujours été : qui est-ce donc qui m'a fait? Ce n'est pas mes parents : ils n'ont point eu la puissance de former un corps tel que le mien; ils n'ont été que les instruments aveugles d'une puissance supérieure, pleine d'industrie pour arranger tant de merveilleux ressorts. Mais ces ressorts si merveilleux peuvent-ils avoir été formés par hasard? Il y aurait de la folie à le croire. Je ne puis voir un tableau, sans juger que la main d'un peintre en a mélangé les figures et les couleurs. Une montre ou une horloge, qui sont des machines infiniment moins dignes d'admiration que la moindre partie du corps humain, me découvrent l'art de l'ouvrier qui en est l'auteur. Douterais-je donc qu'un ouvrier très-puissant et très-habile ait fait ce corps si proportionné dans ses membres, ces pieds, ces mains, cette tête, ces yeux, cette bouche, ces oreilles, etc.? Chacun de ces organes est un chef-d'œuvre. Non-seulement une main sage les a formés, mais nous ne saurions découvrir, par nos plus curieuses recherches, toute la profondeur de l'art et de la sagesse qui y sont cachés. (Fénelon, *Correspondance*.)

ANALYSE.

Quelles figures remarquez-vous ici?

1°. Des interrogations avec leur réponses, ce qui constitue la *subjection*.

2°. Une dubitation très-belle : *qui est-ce donc*, etc.; *mais ces ressorts*, etc. *Douterais-je donc*, etc.

3°. Une énumération : *ce corps, ces pieds, ces mains*, etc.

4°. Une insistance : *non-seulement.... mais*, etc.

70e SUJET.

Montrez par une tournure vive comme le dialogisme, la vanité de la prudence humaine contre les coups de la fortune, l'incertitude de l'avenir, l'imprévu des événements, le hasard de la postérité. Terminez par quelques exclamations formant épiphonème.

COMPOSITION.

Je saurai bien, dis-tu, m'affermir et profiter de l'exemple des autres; j'étudierai le défaut de leur politique et le faible de leur conduite, et c'est là que j'apporterai le remède. Folle précaution! car ceux-là ont-ils profité de l'exemple de ceux qui les précédèrent? O homme! ne te trompe pas; l'avenir a des événements trop bizarres, et les pertes et les ruines entrent par trop d'endroits dans

la fortune des hommes pour pouvoir être arrêtées de toutes parts.
Tu arrêtes cette eau d'un côté, elle pénètre de l'autre, elle bouil-
lonne même par-dessous la terre. Vous croyez être bien muni aux
environs, le fondement manque par en bas, un coup de foudre
frappe par en haut. Mais je jouirai de mon travail. Eh quoi! pour
dix ans de vie! Mais je regarde ma postérité et mon nom. Mais
peut-être que ta postérité n'en jouira pas. Mais peut-être aussi
qu'elle en jouira. Et tant de sueurs, et tant de travaux, et tant de
crimes, et tant d'injustices, sans pouvoir jamais arracher de la fortune à laquelle tu te dévoues qu'un misérable peut-être! Regarde
qu'il n'y a rien d'assuré pour toi, non pas même un tombeau pour
graver dessus tes titres superbes, seuls restes de ta grandeur abat-
tue. L'avarice ou la négligence de tes héritiers le refuseront peut-
être à ta mémoire : tant on pensera peu à toi quelques années après
ta mort! Ce qu'il y a d'assuré, c'est la peine de tes rapines, la vengeance éternelle de tes concussions et de ton ambition infinie. O les
dignes restes de ta grandeur! O les belles suites de ta fortune! O
folie! O illusion! O étrange aveuglement des enfants des hommes!
(Bossuet, *Sermon contre l'ambition*.)

§ 49. APOSTROPHE, COMMINATION, IMPRÉCATION, SERMENT.

QUESTIONS THÉORIQUES.

1. Qu'est-ce que l'*apostrophe* ? — C'est une figure
par laquelle on adresse la parole aux morts, aux absents, et même aux personnes présentes à qui l'on ne
parlait pas auparavant.

2. Donnez un exemple d'apostrophe. — Dans l'*É-
néide*, Énée, racontant que Laocoon avait voulu empêcher qu'on n'introduisît le cheval de bois dans les murs
d'Ilion, s'écrie : « *O Troie*, tu existerais encore, et toi
aussi, *haute citadelle* du palais de Priam! »

3. Qu'est-ce que la *commination* ? — C'est une figure par laquelle on annonce, ou du moins on laisse
entrevoir à ses auditeurs un avenir menaçant, s'ils ne
changent pas de conduite ou s'ils ne font pas ce qu'on
leur recommande.

4. Donnez un exemple de cette figure. — Le psaume célèbre *Super flumina Babylonis* se termine par cette commination :

> *Malheur* à tes peuples pervers,
>   Reine des nations, fille de Babylone !
>   La foudre gronde dans les airs :
>   Le Seigneur n'est pas loin, *tremble*, descends du trône !

5. Qu'est-ce que l'*imprécation* ? — C'est une figure par laquelle l'orateur maudit son adversaire ou son ennemi, ou fait des vœux contre lui.

6. Donnez un exemple d'imprécation. — Cicéron, dans son *Discours pour le roi Déjotarus*, fait une imprécation contre Philippe, médecin de ce roi : « *Que les dieux te confondent*, infâme fugitif, qui nous montres ici non-seulement ton impudence et ta méchanceté, mais ton extravagance et ta sottise ! »

7. L'imprécation ne peut-elle pas être conditionnelle ? — Oui ; il y en a un exemple dans *Athalie*, où le grand prêtre Joad implore la Providence en faveur de Joas, s'il doit observer ses saints commandements ; puis il ajoute :

> Grand Dieu ! si tu prévois qu'indigne de sa race
> Il doive de David abandonner la trace,
> *Qu'il soit comme le fruit* en naissant *arraché*,
> Ou qu'*un souffle ennemi* dans sa fleur *a séché!*

8. Qu'est-ce que le *serment* ? — C'est une figure par laquelle on prend à témoin de ce qu'on dit la Divinité, les êtres que l'on divinise, ou enfin les personnes. En ce sens, le serment est à peine une figure : c'est une forme d'affirmation extrêmement respectable, et qui a souvent beaucoup de majesté.

EXERCICES.

71° SUJET.

Contre ceux qui insultent à la piété. — Qui êtes-vous, ô hommes profanes qui riez ainsi lorsque vous voyez un pécheur renouvelé en Jésus-Christ, qui va contre le torrent de toutes ses passions? Quoi donc! vous ne sauriez souffrir qu'on se déclare hautement pour le Dieu qui nous a créés! Selon vous, c'est une folie que de vivre selon la foi, dans l'espérance d'une vie éternellement bienheureuse. Qui êtes-vous donc, ô hommes qui vous jouez ainsi de la religion? N'en croyez-vous aucune? Allez donc hors de nos églises, loin de nos mystères, vivre sans espérance, sans Sauveur, sans Dieu; allez où votre désespoir impie et brutal vous va précipiter. Mais, hélas! qui pourrait le croire? vous êtes chrétiens, et vous avez promis de renoncer au monde et à ses pompes, de porter la croix avec Jésus-Christ, et de mépriser tout ce qui se voit, pour aspirer à ce qu'on ne voit pas. Encore une fois, vous l'avez promis, vous n'oseriez renier votre promesse, vous n'oseriez renoncer au salut; vous tremblez quand la mort prochaine vous montre l'abîme qui s'ouvre à vos pieds. Malheureux! insensés! vous voulez qu'on vous croie sages, et vous traitez de fous ceux qui, espérant des biens auxquels vous ne prétendez pas renoncer, travaillent à s'en rendre dignes! O renversement du sens humain! ô folie monstrueuse! O démons! vous les possédez : ce n'est pas eux qui parlent; et, quand ils ne songent qu'à rire, c'est vous qui blasphémez en eux! (Fénelon, *Sermon pour la fête de saint Bernard.*)

ANALYSE.

Quelles figures y a-t-il dans cet extrait?

1°. Une interrogation et des métaphores : *qui êtes-vous.... ses passions.*

2°. Une exclamation : *quoi donc!* etc.

3°. Une subjection : *selon vous*, etc.

4°. Une suite d'interrogations : *qui êtes-vous.... aucune.*

5°. Des permissions : *allez donc.... précipiter.*

6°. Une correction : *mais, hélas!* etc.

7°. Une insistance avec répétition : *encore une fois.... à vos pieds.*

8°. Une apostrophe avec commination et antithèse : *malheureux !*
insensés !.... dignes !

9°. Une suite d'exclamations : *ô renversement !... monstrueuse !*

10°. Une apostrophe : *ô démons*, etc.

72e SUJET.

Dirai-je ici ce que je pense? De telles émotions, faibles, im-
parfaites, et qui se dissipent en un moment, sont dignes d'être
formées devant un théâtre où l'on ne joue que des choses feintes,
et non devant les chaires évangéliques où la sainte vérité de
Dieu paraît dans sa pureté. Car à qui est-ce qu'il appartient de
toucher les cœurs, sinon à la vérité? C'est elle qui apparaîtra
à tous les cœurs rebelles au dernier jour, et alors on con-
naîtra combien la vérité est touchante. « En la voyant, dit
le Sage, ils seront troublés d'une crainte horrible. » (*Sap.,* **V**)
Ils seront agités et angoissés; eux-mêmes se voudront cacher
dans l'abîme. Pourquoi cette agitation? C'est que la vérité leur
parle. Pourquoi cette fuite précipitée? C'est que la vérité les
poursuit. Ah! te trouverons-nous toujours partout, ô vérité
persécutante? Oui, jusqu'au fond de l'abîme ils la trouveront;
spectacle horrible à leurs yeux; poids insupportable sur leurs
consciences; flamme toujours dévorante dans leurs entrailles.
Qui nous donnera, chrétiens, que nous soyons touchés de la
vérité, de peur d'en être touchés de cette manière furieuse et
désespérée? (Bossuet, *Sermon sur la prédication évangélique.*)

ANALYSE.

Quelles figures de pensée y a-t-il dans ce morceau?

Ces figures sont très-nombreuses et très-variées ; 1° Une interrogation : *dirai-je*, etc.

2°. Une antithèse : *devant un théâtre.... et non devant les*
chaires....

3°. Une interrogation : *car à qui est-ce*, etc.

4°. Une personnification : *c'est elle* (la vérité) *qui apparaîtra*, etc.

5°. Une subjection : *pourquoi?.... c'est que*, etc.

6°. Une apostrophe : *ah! te trouverons-nous....*

7°. Une commination ou serment : *oui, jusqu'au fond de l'a-*
bîme, etc.

8°. Une gradation : *spectacle.... poids.... flammes....*

9°. Un épiphonème sous forme interrogative : *qui nous donnera,*
chrétiens....

5.

§ 50. PROSOPOPÉE.

QUESTIONS THÉORIQUES.

1. Qu'est-ce que la *prosopopée ?* — C'est une figure par laquelle on fait agir ou parler un absent, un mort, un être inanimé, ou même un être de raison.

2. Ne l'appelle-t-on pas autrement? — On l'appelle aussi *personnification*, parce qu'on personnifie ces êtres du moment qu'on leur prête un discours.

3. Ce mot est-il aussi bon ? — Non : le mot *prosopopée* signifie plus exactement la figure dont il s'agit ici, puisque la personnification pourrait n'être qu'une simple métaphore, ne consister que dans l'application d'un adjectif ou d'un verbe.

4. La prosopopée est-elle toujours bien placée ? — Non ; c'est une de ces figures véhémentes que la passion de l'orateur peut seule excuser, puisque non-seulement elle dit ce qui n'est pas, mais qu'elle suppose le renversement des lois naturelles.

5. Ne trouve-t-on pas beaucoup de prosopopées dans la *Bible ?* — Oui : par exemple, dans ces versets : « A son aspect, la *mer s'est enfuie ; le Jourdain a reculé* vers sa source. Les *montagnes ont sauté* comme des béliers, et les *collines* comme des agneaux, » le Psalmiste prête à la mer, aux fleuves, aux montagnes, non-seulement les idées, mais les actes qui caractérisent l'espèce humaine ou les animaux.

6. Citez un exemple de Cicéron. — Dans son *Discours pour Milon*, il montre cet accusé venant se justifier du meurtre de Clodius par le bien qui en est résulté pour la république : « Si, *tenant encore* à la main son épée sanglante, *Milon disait à haute voix :* « Venez, « citoyens, je vous prie, et m'écoutez : oui, j'ai tué Clo-

« dius ; mais ses fureurs que ni les lois, ni les jugements
« ne pouvaient plus réprimer, c'est avec ce fer et ce bras
« que je les ai détournées de dessus vos têtes ; c'est
« grâce à moi que la justice, l'équité, les lois, la li-
« berté, la pureté, la chasteté sont conservées dans cette
« ville, » y aurait-il un seul citoyen qui n'approuvât
ce langage ? »

7. N'y a-t-il pas une prosopopée célèbre de Fléchier ?
— Oui, dans son *Éloge de Montausier :* « Vous savez,
mes frères, que la flatterie, jusqu'ici, n'a pas régné
dans les discours que je vous ai faits : oserais-je, dans
celui-ci où la franchise et la candeur font le sujet de
nos éloges, employer la fiction et le mensonge?
Ce tombeau s'ouvrirait, ces ossements se rejoindraient
pour me dire : « Pourquoi viens-tu mentir pour moi,
« qui ne mentis jamais pour personne? Laisse-moi
« reposer dans le sein de la vérité, et ne viens pas
« troubler ma paix par la flatterie que je hais. »

EXERCICES.

73e SUJET.

Écoutez une voix qui sort du fond de ce tabernacle ; c'est la
voix de celui qui vous a rachetés, c'est la voix de celui qui ju-
gera les vivants et les morts. Il vous dit : Qu'ai-je à faire des
honneurs hypocrites que vous me rendez? Votre feinte humiliation est un outrage et une cruauté. Vous m'avez foulé aux
pieds en entrant dans le temple, et vous venez vous prosterner
tranquillement devant mes autels ! Ne vous ai-je pas dit que
j'aimais mieux la miséricorde que le sacrifice? Ames intéressées, il ne vous en coûte rien pour m'adorer ; il vous en coû-
terait pour me secourir! Ne suis-je donc votre Dieu que quand
j'ai des grâces à distribuer? Comme Pierre, vous me reconnaissez sur le Thabor, et vous me reniez dans le prétoire. Moins
d'abaissement et plus de charité. Honorez-moi de votre sub-

stance , de ces richesses qui sont et mon ouvrage et mes bienfaits. Voilà l'offrande, voilà l'encens, voilà l'action de grâce
que je vous demande. Acquittez-vous en partie par vos lar-
gesses du sang que j'ai versé pour vous. Nouveaux Josephs, as-
sistez, nourrissez votre père céleste, et devenez en quelque
sorte les sauveurs de votre Sauveur même. » (L'abbé Poulle,
Sermon sur l'aumône.)

ANALYSE.

Quelles figures y a-t-il dans ce passage ?

C'est d'abord dans son ensemble une très-belle prosopopée ; on
y distingue ensuite plusieurs figures de mots et de pensée, savoir :
1°. Une répétition : *c'est la voix.... c'est la voix....*
2°. Une interrogation : *qu'ai-je à faire,* etc.
3°. des antithèses : *votre feinte humiliation,* etc. ; *vous m'avez
foulé aux pieds.... vous vous prosternez....*
4°. Une interrogation : *ne vous ai-je pas dit.*
5°. Une apostrophe : *âmes intéressées.*
6°. Une comparaison suivie d'une opposition : *comme Pierre,* etc.
7°. Une antithèse : *moins.... plus....*
8°. Une répétition : *voilà.... voilà.... voilà....*
9°. Une allusion : *nouveaux Josephs.*

74ᵉ SUJET.

A la fin d'un discours sur l'aumône, prononcé pour l'adou-
cissement du sort des prisonniers, peignez par une prosopopée
hardie le sort de ces malheureux et le bien que les riches
pourraient leur faire.

COMPOSITION.

Il me semble en ce moment entendre la voix de Dieu , qui me
dit comme autrefois au Prophète : Prêtre du Dieu vivant, que
voyez-vous ? Seigneur, je vois, et je vois avec consolation, un nombre prodigieux de grands, de riches, émus, touchés pour la première fois , peut-être, du sort des misérables. — Passez à un autre
spectacle : percez ces murs, percez ces voûtes. Que voyez-vous ?
— Une foule d'infortunés, plus malheureux peut-être que coupables. Ah ! j'entends leurs murmures confus, ces plaintes de la misère délaissée, ces gémissements de l'innocence méconnue, ces
hurlements du désespoir. Qu'ils sont perçants ! mon âme en est
déchirée ! — Descendez. Que trouvez-vous ? Une clarté funèbre,
des tombeaux pour habitation, l'enfer au-dessous : une nourriture
qui sert autant à prolonger les tourments que la vie ; un peu de
paille éparse çà et là, quelques haillons, des cheveux hérissés, des

regards farouches, des voix sépulcrales, qui, semblables à la voix de la Pythonisse, s'exhalent en sanglots comme de dessous terre ; les convulsions de la rage, des fantômes hideux se débattant dans des chaînes ; des hommes, l'effroi des hommes. — Suivez ces victimes désolées jusqu'au lieu de leur immolation. Que découvrez-vous ? — Au milieu d'un peuple immense, la mort sur un échafaud, armée de tous les instruments de la douleur et de l'infamie. Elle frappe : quelle consternation de toutes parts ! Quelle terreur ! un seul cri, le cri de l'humanité entière, et point de larmes. — Comparez maintenant ce que vous avez vu de part et d'autre, et concluez vous-mêmes. — Seigneur, plus je considère attentivement, et plus je trouve que la compensation est exacte. Je vois un protecteur pour chaque opprimé, un riche pour chaque pauvre, un libérateur pour chaque captif ; ils sont même presque en présence les uns des autres ; il n'y a entre deux qu'un mur et le cœur des riches. Un prodige de votre grâce, ô mon Dieu, et la charité ne fera bientôt plus de ces deux visions qu'une seule vision. Le prodige s'opère ; les riches se précipitent vers les prisons, ils fondent dans les cachots ! Il n'y a plus de malheureux, il n'y a plus de débiteurs, il n'y a plus de pauvres. Restent seulement quelques criminels dévoués au glaive de la justice pour l'intérêt général de la société, dont ils ont violé les lois les plus sacrées ; mais du moins consolés, mais soulagés, mais disposés à recevoir leurs supplices en esprit de pénitence, et leur mort même en sacrifice d'expiation. Ces monstres vont mourir en chrétiens. C'en est fait : aux approches de la charité, tous ces objets lugubres qui affligeaient l'humanité ont disparu, et je ne vois plus que les cieux ouverts, où seront admises ces âmes véritablement divines, puisqu'elles sont miséricordieuses, dignes de régner éternellement avec vous, ô le rédempteur des captifs ! ô le consolateur des affligés ! ô le père des pauvres ! ô le Dieu des miséricordes ! » (L'abbé Poulle, *Sermon sur l'aumône*.)

CHAPITRE IX.

LES ORNEMENTS DU STYLE.

§ 51. PÉRIPHRASE.

QUESTIONS THÉORIQUES.

1. Qu'appelez-vous *ornements du style ?* — Outre les formes périodiques plus ou moins harmonieuses, outre

les figures de toute sorte qui ornent aussi le discours et l'embellissent, il y a encore des ornements d'un genre particulier : ce sont les *similitudes* ou *comparaisons*, les *descriptions*, les *épithètes* et les *périphrases*.

2. Qu'est-ce que la *périphrase*, ou *circonlocution?* — C'est une manière de parler par laquelle on substitue au nom propre d'une chose ou d'une personne plusieurs mots qui forment un sens équivalent.

3. Donnez un exemple de périphrase. — Horace, par exemple, appelle l'aigle l'*oiseau qui porte le tonnerre* : c'est une périphrase; La Fontaine, dans une de ses fables, l'appelle l'*oiseau de Jupiter* : c'est une nouvelle périphrase.

4. Pourquoi emploie-t-on la périphrase? — On emploie la périphrase pour varier le discours, pour en augmenter la majesté et l'harmonie, pour relever des choses communes, pour adoucir des propositions dures ou désagréables, et éviter des expressions choquantes ou qui ne seraient pas bien reçues.

5. Montrez comment la périphrase permet de varier le discours. — Delille, dans ses *Trois règnes*, appelle le café un *divin nectar*, et ailleurs, la *fève de Moka*, comme il appelle le thé la *feuille de Canton*, et la porcelaine l'*émail du Japon*. Ce sont donc deux ou plusieurs expressions au lieu d'une seule.

6. Montrez comment la périphrase augmente la majesté et l'harmonie du discours. — Bossuet, dans son *Oraison funèbre de la reine d'Angleterre*, ayant à parler de Dieu, au lieu de le nommer par son nom, emploie cette périphrase majestueuse : « Celui qui règne dans les cieux, et de qui relèvent tous les empires ; à qui seul appartient la gloire, la majesté, l'indépendance.... »

7. Montrez comment la périphrase relève les choses communes. — Colardeau, dans son *Épitre à Duhamel*,

loue ce physicien d'avoir placé dans sa maison de campagne les instruments de physique ou d'astronomie dont il a constamment à se servir : une boussole, un baromètre, un thermomètre, un paratonnerre, un alambic, un cadran solaire. Toutes ces idées sont bien communes et bien prosaïques. Le poëte les exprime d'une manière très-poétique, au moyen de périphrases bien choisies.

8. — Montrez comment la périphrase permet d'adoucir les propositions dures ou désagréables, et d'éviter les expressions choquantes. — Dans sa *Messénienne* intitulée *Jeanne d'Arc*, Casimir Delavigne dissimule l'idée odieuse du supplice sous les douces images de la nature champêtre.

9. La périphrase est-elle toujours bien placée ? — Non ; quels qu'en soient les avantages, il faut prendre garde d'en abuser. On finit par se faire un langage guindé et qui n'a plus rien de naturel.

10. Comment se produit cet effet ? — L'habitude de chercher toujours des formes de style qu'on croit élégantes et nobles peut aller enfin jusqu'à faire repousser toutes les expressions simples, et alors le style dégénère en un jargon prétentieux dont le lecteur se dégoûte bientôt.

EXERCICES.

75e SUJET.

Un nouveau *Voyage dans l'Amérique septentrionale*, par M. l'abbé Robin, contient des détails intéressants et curieux sur la campagne de M. de Rochambau en 1781, sur le séjour des troupes françaises en Amérique, sur les chefs de la révolution opérée en ce pays, sur les mœurs, le commerce, les productions, etc. : malheureusement l'auteur a toujours le ton d'un panégyriste et le style d'un déclamateur. C'est la maladie de ce siècle ; elle a tout infecté. Il n'y a point de lecteur rai-

sonnable qui ne soit dégoûté lorsqu'il lit dans la description
des arbres d'une de ces contrées : *le monarque de ces forêts
est le tulipier; sa tête altière domine*, etc. Quelle ridicule emphase d'expressions, qui seraient mauvaises même en poésie!
Qu'est-ce qu'un arbre qui est le *monarque des forêts!* C'est ce
qu'on dirait du lion. Mais, enfin, c'est la mode d'écrire ainsi : il
faut attendre que cela passe comme autre chose. (La Harpe, *Correspondance littéraire*, n° 175.)

ANALYSE CRITIQUE.

Dites pourquoi le *monarque des forêts* est mauvais.

Cette expression est mauvaise par le choix du mot *monarque*,
qui lui-même est du genre didactique. Si l'auteur eût mis : *le roi de
ces forêts est le tulipier*, cette expression beaucoup plus habituelle
chez nous que celle de *monarque*, et usitée dans le langage le plus
commun, n'aurait choqué personne. En général, c'est l'abus de la
périphrase, beaucoup plus qu'une périphrase isolée, qui concourt à
à former le style emphatique.

§ 52. ÉPITHÈTES.

QUESTIONS THÉORIQUES.

1. Que signifie le nom d'*épithète?* — Il signifie *ap-
posé*, parce qu'en effet la qualité indiquée par l'adjectif
s'appose, en quelque sorte, au substantif.

2. Prend-on ordinairement le mot *épithète* dans ce
sens général? — Non : on le restreint aux adjectifs qui
indiquent dans les objets des qualités bonnes ou mauvaises, et qui doivent être regardés comme de simples
ornements, parce qu'on pourrait les retrancher sans que
le sens de la phrase en souffrît.

3. Quel nom donne-t-on aux adjectifs employés dans
l'usage ordinaire? — On leur conserve les noms déjà
connus d'*adjectifs*, de *qualificatifs*, etc.

4. Où doit se placer l'étude des adjectifs et celle des
autres épithètes? — L'étude des adjectifs doit se trou-

ver dans la grammaire proprement dite ; celle des *épithètes* n'est à sa place que dans la partie qui traite du style.

5. Les épithètes font-elles toujours un bon effet ? — Non : quoique les épithètes forment un des ornements les plus brillants du style et une des ressources les plus fécondes de la poésie, il ne faut pas en abuser. Autant les épithètes bien choisies et placées avec discrétion relèvent la poésie et l'éloquence, autant des épithètes insignifiantes semées avec profusion les énervent et les dégradent.

6. Quelles épithètes faut-il choisir ? — Celles qui sont caractéristiques sont toujours les meilleures.

7. Qu'appelle-t-on *épithètes oiseuses ?* — Ce sont celles qui ne signifient pas grand'chose ; elles sont presque toujours à rejeter ; on ne doit les accepter que quand l'harmonie du discours l'exige.

8. Y en a-t-il de plus mauvaises encore ? — Oui, celles qui sont contradictoires ou placées à contre-sens, et qui sont partout des fautes inexcusables.

EXERCICES.

76e SUJET.

Lorsque Jésus-Christ instruit ses disciples des funestes circonstances de son dernier jugement, il leur représente les passions des hommes et le trouble universel de la nature ; ces guerres sanglantes où les peuples, armés les uns contre les autres pour satisfaire leurs propres haines, exécuteront les jugements de Dieu par avance ; ces divisions cruelles où citoyens contre citoyens ruineront leur patrie par des meurtres et des parricides ; ces stérilités de la terre, qui consumeront de langueur ceux qui auront échappé à la fureur et à la violence des armes ; ces révolutions du ciel, où les astres obscurcis laisseront le monde dans l'horreur, dans la confusion et dans les ténèbres. Déjà les tombeaux seront ouverts et les cendres des morts ranimées. Déjà s'avancera dans les airs cette fatale nuée qui doit servir de tribunal au souverain juge. Déjà ces vives lumières qui, selon le Prophète, sortent des yeux et de la face de Dieu quand il juge, perceront cette obscurité, et tout l'univers en suspens attendra l'arrêt décisif et public de son bonheur ou de son malheur éternel. Quelle doit donc être l'exécution de ce jugement, si l'appareil en est si terrible, et que sera-ce de Dieu quand il punira, s'il est si redoutable quand il ne fait encore que menacer? (Fléchier, *Sermon sur le jugement dernier.*)

ANALYSE.

Déterminez les épithètes qui se trouvent dans cet exorde de Fléchier.

Les épithètes ici sont les suivantes : *funestes*, dans les *funestes conséquences ; universel*, dans le *trouble universel ; sanglantes* après *guerres ; cruelles* après *divisions ; fatale*, après *nuée*, et *vives* devant *lumières.*

77e SUJET.

Décrivez le berceau où se reposaient Adam et Ève dans le Paradis terrestre. Dites que le laurier, le myrte, l'acanthe, l'iris, la rose, le jasmin, la violette, le safran, l'hyacinthe concouraient à le former ou à l'embellir. Relevez le tout par des épithètes bien choisies.

COMPOSITION.

Adam et Ève, se tenant par la main, s'avançaient vers le berceau que Dieu leur avait planté. La voûte était un tissu de laurier, de myrte et des plus hauts arbrisseaux, dont le feuillage odorant et durable formait le couvert le plus épais. De tous côtés, l'acanthe et mille petits buissons exquis par leur senteur, palissadaient le mur verdoyant. Entre les branches, l'iris nuée de superbes couleurs, les roses, le jasmin et toutes sortes de fleurs curieuses élevaient glorieusement leurs têtes parfumées, qui faisaient un agréable mélange. Sous les pieds, la violette, le safran et l'hyacinthe émaillaient la terre, mieux décorée de leur riche marqueterie qu'elle ne l'eût été par les pierres les plus précieuses. (Milton, *Le Paradis perdu,* liv. IV.)

§ 55. COMPARAISON.

QUESTIONS THÉORIQUES.

1. En quoi consiste la *comparaison* ou *similitude* ? — La *comparaison* consiste à rapprocher de la chose dont on parle une autre chose qui lui ressemble par quelque endroit, et qui sert à la faire mieux comprendre.

2. Quel est l'effet de la comparaison ? — Quand elle n'éclaircit pas le discours, elle l'embellit à ce point qu'il n'y a pas d'ornement plus riche ni plus fréquemment usité, soit chez les poëtes, soit chez les orateurs.

3. Donnez un exemple de comparaison. — Milton, dans son *Paradis perdu*, compare Satan déchu de son ancienne splendeur au soleil caché par une éclipse ou par les vapeurs du matin.

4. Que faut-il pour qu'une comparaison soit bonne? — L'écrivain doit tâcher, là comme dans les métaphores, de réunir des idées qui ne se contredisent pas. Un esprit juste est toujours choqué de trouver ensemble des images de choses que la nature sépare ou éloigne.

5. Donnez un exemple de comparaison blâmable.— André Chénier, dans sa pièce de la *Jeune captive*, fait parler ainsi cette jeune fille :

> Sans crainte du pressoir, le pampre, tout l'été,
>   Boit les doux présents de l'aurore :
> Et moi, *comme lui jeune et belle comme lui*....

Jamais le pampre n'a pu être un symbole de beauté ni de jeunesse.

6. Les comparaisons ont-elles un autre usage? — Elles sont fort souvent employées, non pas comme dans les exemples précédents, pour jeter de l'éclat sur le discours, mais pour rendre une pensée plus claire par la

ressemblance qu'on y montre avec une autre mieux
connue.

7. Donnez-en un exemple. — Lucrèce explique,
par une comparaison justement célèbre et souvent imi-
tée, pourquoi il a présenté sous les agréments de la
forme poétique les préceptes secs et abstraits de la philosophie. « De même, dit-il, que les médecins, quand ils
veulent faire prendre aux enfants une tisane amère, met-
tent du miel sur les bords du vase pour les allécher par
la douceur de cette substance, et leur faire avaler la
boisson salutaire.... ainsi, parce que les préceptes de la
philosophie paraissent ennuyeux au vulgaire et à tous
ceux qui ne sont pas exercés, j'ai voulu te les exposer
sous la forme harmonieuse des vers, en les imprégnant,
pour ainsi dire, du miel pur des Muses.... »

8. N'y a-t-il pas, en français, une sorte de comparaison rapide et extrêmement usitée? — Oui, elle fait
même un des caractères originaux et plaisants de notre
conversation.

9. En quoi consiste-t-elle ? — Elle consiste à trouver, particulièrement dans les objets très-communs, de
peu de valeur ou destinés aux usages les moins nobles,
des ressemblances ou des analogies rapides à l'aide des-
quelles on exagère presque toujours, et d'une manière
comique, ce que l'on veut dire.

10. Y a-t-il beaucoup de ces similitudes?— Ces expressions, tout à fait caractéristiques, sont tellement
multipliées chez nous, que l'Académie française y con-
sacre une partie considérable des articles de son *Dictionnaire*.

11. Emploie-t-on partout ces comparaisons badines?
—Non ; on évite avec raison de les transporter dans
les livres sérieux, et, à plus forte raison, dans le
style élevé et poétique, où on en admet d'un genre

out différent; mais dans le style épistolaire, dans la comédie, dans la satire, dans tout ce qui se rapproche de la conversation, ces comparaisons sont très-bien placées.

12. A quoi faut-il s'astreindre quand emploie ces locutions? — Il faut prendre toujours le mot propre, celui qui est en usage ; sans quoi, au lieu d'une tournure française, originale et pittoresque, on dit, la plupart du temps, une sottise ou un non-sens.

EXERCICES.

78e SUJET.

Quand je considère en moi-même la disposition des choses humaines, confuse, inégale, irrégulière, je la compare souvent à certains tableaux que l'on montre assez ordinairement dans les bibliothèques des curieux comme un jeu de la perspective. La première vue ne nous montre que des traits informes, et un mélange confus de couleurs, qui semble être ou l'essai de quelque apprenti, ou le jeu de quelque enfant, plutôt que l'ouvrage d'un main savante. Mais aussitôt que celui qui sait le secret vous les fait regarder par un certain endroit, toutes les lignes inégales venant à se ramasser d'une certaine façon dans votre vue, toute la confusion se démêle, et vous voyez paraître un visage avec ses linéaments et ses proportions, où il n'y avait auparavant aucune apparence de forme humaine. C'est, ce me semble, une image assez naturelle du monde, de sa confusion apparente, et de sa justesse cachée que la foi en Jésus-Christ nous découvre. (Bossuet, *Sermon sur la Providence.*)

ANALYSE.

Quelle figure trouvez-vous dans ce morceau?

Il y a surtout une comparaison aussi juste que neuve de l'univers avec quelques tableaux faits pour un point de vue particulier. Cette comparaison est presque tout le morceau.

Les figures partielles qu'on y distingue en outre sont les suivantes :
1°. Une conjonction (pléonasme) : *ou l'essai.... ou le jeu.*
2°. Une disjonction (ellipse) : *confuse, inégale, irrégulière.*

79ᵉ SUJET.

Dans un discours prononcé le jour des cendres, montrez par
une similitude convenable le néant de la gloire et des biens du
monde.

COMPOSITION.

Ces cendres que nous recevons prosternés aux pieds des ministres du Seigneur, nous apprennent que toutes ces grandeurs dont
le monde se glorifie, et dont l'orgueil des hommes se repaît, que
cette naissance dont on se pique, que ce crédit dont on se flatte,
que cette autorité dont on est si fier, que ces succès dont on se vante,
que ces biens dont on s'applaudit, que ces dignités et ces charges
dont on se prévaut, que cette beauté, cette valeur, cette réputation
dont on est idolâtre, que tout cela n'est que vanité et que mensonge.
Car, que je m'approche du tombeau d'un grand de la terre, et que
j'en examine l'épitaphe; je n'y vois qu'éloges, que titres spécieux,
que qualités avantageuses, qu'emplois honorables. Voilà ce qui paraît au dehors. Mais qu'on me fasse l'ouverture de ce tombeau, et
qu'il me soit permis de voir ce qu'il renferme; je n'y trouve qu'un
cadavre hideux, qu'un tas d'ossements infects et desséchés, qu'un
peu de cendres qui semblent encore se ranimer pour me dire à moi-
même : *Memento, homo, quia pulvis es, et in pulverem reverteris*
(Bourdaloue, *Sermon pour la cérémonie des cendres*.)

80ᵉ SUJET.

Dans tous les dialogues de Platon, Socrate garde sa manière
de raisonner, ses inductions, ses interrogations, ses espèces de
piéges et de longs détours dans lesquels il enveloppait ses ad-
versaires pour les amener malgré eux à une vérité qu'ils com-
battaient. On peut donc regarder tous les dialogues de Platon
ensemble comme une espèce de drame composé en l'honneur
de son maître. Socrate, dans chaque scène, prêche la morale,
et le dénoûment, c'est la ciguë. (Thomas, *Essai sur les éloges*,
ch. 8.)

ANALYSE CRITIQUE.

Examinez ce passage, non pas, bien entendu, quant
à l'appréciation des dialogues de Platon et du rôle qu'y
joue Socrate, mais quant à la convenance de la comparaison qui le termine.

Cette comparaison pèche en plusieurs points.

1º. Il est visible, par ce que dit Thomas que chaque dialogue est

en soi-même terminé, complet; qu'il forme à lui seul une pièce entière, et non une partie de pièce comme seraient des scènes dans
une tragédie.

2°. Il n'est pas possible de regarder tous ces dialogues ensemble
comme un grand drame; un drame suppose un action qui marche
et se développe. Il n'y a pas d'action ici, mais seulement des disser-
tations en dialogue, et sur des sujets tout différents.

3°. *Le dénoûment, c'est la ciguë :* voilà une de ces phrases qui
visent à l'effet, et qui n'ont aucun sens. Que Socrate soit mort de
la ciguë, et que tel ait été, si l'on veut, le dénoûment de sa vie,
cela peut se dire. Mais il est absurde d'en faire le dénoûment des
dialogues, ou de l'ensemble de ces dialogues. La comparaison forcée
que Thomas avait faite de ces ouvrages avec un drame, lui a fait
imaginer celle du dénoûment, qui ne vaut pas mieux que le reste.

---

§ 54. DESCRIPTION.

QUESTIONS THÉORIQUES.

1. Qu'est-ce que la *description*, considérée en elle-
même? — C'est un discours dans lequel on énumère et
on fait connaître les diverses parties d'un objet.

2. Est-ce là la description dont il s'agit ici? —
Non; prise comme ornement du discours, c'est une
peinture rapide ou vivement colorée de ce que l'on croit
être agréable au lecteur.

3. Que doit faire la description dans ce sens? — Elle
doit présenter des images si vives qu'elle rende les objets présents, en quelque sorte; et, comme l'imagination peut voir les choses plus grandes ou plus belles
qu'elles ne sont en réalité, il arrive souvent que la description fait naître en nous ce sentiment, et mérite ainsi
d'être regardée comme un des principaux ornements du
style.

4. Qu'est-ce que l'*hypotypose* ou *démonstration?* —
Ce n'est pas une espèce particulière de description; c'en
est une si vive et si présente, que les faits dont il y est
question nous semblent se passer sous nos yeux; on

montre, pour ainsi dire, ce qu'on ne fait que raconter; on donne, en quelque sorte, l'original pour la copie, les objets pour les tableaux.

5. Donnez un exemple d'hypotypose. — Il y en a un célèbre dans le récit que fait Théramène de la mort d'Hippolyte :

> Cependant, sur le dos de la plaine liquide
> S'élève à gros bouillons une montagne humide ;
> L'onde approche, se brise et vomit à nos yeux,
> Parmi des flots d'écume, un monstre furieux :
> Son front large est armé de cornes menaçantes;
> Tout son corps est couvert d'écailles jaunissantes;
> Indomptable taureau, dragon impétueux,
> Sa croupe se recourbe en replis tortueux;
> Ses longs mugissements font trembler le rivage.
> Le ciel avec horreur voit ce monstre sauvage,
> La terre s'en émeut, l'air en est infecté,
> Le flot qui l'apporta recule épouvanté.

6. Quel est le moyen généralement employé par l'hypotypose? — C'est le changement du temps dans les verbes; ici, il n'y a que des présents, quoique tous les faits racontés par Théramène soient passés. C'est qu'en effet, comme il les représente avec autant de vivacité que s'ils étaient actuellement sous ses yeux, il faut, pour rendre sa pensée, qu'il mette le présent de l'indicatif partout, quoique ce temps ne soit pas l'expression exacte de la réalité.

EXERCICES.

81e SUJET.

L'hirondelle. — Le vol est l'état naturel, je dirais presque l'état nécessaire de l'hirondelle. Elle mange en volant, elle boit en volant, se baigne en volant, et quelquefois donne à manger à ses petits en volant. Elle sent que l'air est son domaine, elle en parcourt toutes les dimensions et dans tous les sens, comme pour en jouir dans tous les détails ; et le plaisir de cette jouissance se marque par de petits cris de gaîté. Tantôt elle donne la chasse aux insectes voltigeants et suit avec une agilité souple leur trace oblique et tortueuse ; tantôt elle rase légèrement la surface de la terre, pour saisir ceux que la pluie ou la fraîcheur y rassemble ; tantôt elle échappe elle-même à l'impétuosité de l'oiseau de proie par la flexibilité preste de ses mouvements. Toujours maîtresse de son vol dans sa plus grande vitesse, elle en change à tout instant la direction ; elle semble décrire au milieu des airs un dédale mobile et fugitif, dont les routes se croisent, s'entrelacent, se fuient, se rapprochent, se heurtent, se roulent, montent, descendent, se perdent, et reparaissent pour se croiser, se rebrouiller encore en mille manières, et dont le plan, trop compliqué pour être représenté aux yeux par l'art du dessin, peut à peine être indiqué à l'imagination par le pinceau de la parole. (Guéneau de Montbelliard.)

ANALYSE.

Qu'est-ce que ce morceau ? quelles figures y remarque-t-on ?

C'est une description savante et animée des tours et retours de l'hirondelle.

On remarque en outre quelques figures particulières que voici :

1°. Correction et gradation : l'état *naturel ;* je dirais presque l'état *nécessaire.*

2°. Une répétition à la fin des phrases.... *en volant.*

3°. Une énumération ou division : *tantôt.... tantôt.... tantôt....*

4°. Une allusion très-agréable : un *dédale mobile et fugitif.*

5°. Une énumération disjointe : *les routes se croisent, s'entrelacent....* etc.

82ᵉ SUJET.

Décrivez une terre déserte et sablonneuse, sous un soleil brûlant. Montrez la triste position de l'homme dans ces parages.

COMPOSITION.

Qu'on se figure un pays sans verdure et sans eau, un soleil brûlant, un ciel toujours sec, des plaines sablonneuses, des montagnes encore plus arides, sur lesquelles l'œil s'étend et le regard se perd sans pouvoir s'arrêter sur aucun objet vivant ; une terre morte et,

6

pour ainsi dire, écorchée par les vents, laquelle ne présente que des ossements, des cailloux jonchés, des rochers debout ou renversés, un désert entièrement découvert où le voyageur n'a jamais respiré sous l'ombrage, où rien ne l'accompagne, rien ne lui rappelle la nature vivante. Solitude absolue, mille fois plus affreuse que celle des forêts; car les arbres sont encore des êtres pour l'homme qui se voit seul : plus isolé, plus dénué, plus perdu dans ces lieux vides et sans bornes, il voit partout l'espace comme son tombeau : la lumière du jour, plus triste que l'ombre de la nuit, ne renaît que pour éclairer sa nudité, son impuissance, et pour lui présenter l'horreur de sa situation, en reculant à ses yeux les barrières du vide, en étendant autour de lui l'abîme de l'immensité qui le sépare de la terre habitée : immensité qu'il tenterait en vain de parcourir; car la faim, la soif et la chaleur brûlante pressent tous les instants qui lui restent entre le désespoir et la mort. (Buffon, *Histoire naturelle du chameau.*)

---

§ 55. PARALLÈLE.

QUESTIONS THÉORIQUES.

1. Qu'est-ce que le *parallèle?* — C'est un ornement du discours qui tient à la fois de la comparaison et de la description; il met en regard, comme la première, deux personnes ou deux choses; comme la seconde, il s'étend sur les détails, en fait ressortir avec soin les analogies ou les différences. C'est une espèce d'antithèse portant non sur un mot ou sur un point unique, mais sur la suite entière des aspects desquels on peut considérer son objet.

2. Y a-t-il des parallèles qui soient devenus classiques? — Oui, celui de Corneille et de Racine, par La Bruyère, est justement cité comme un des plus délicats et des plus agréables qu'on puisse trouver.

3. N'y en a-t-il pas deux de Voltaire qui sont aussi fort connus? — Oui : l'un se trouve dans *la Henriade;* il a pour objet Richelieu et Mazarin, et, quoique fort court, on peut le citer comme un des plus exacts qui aient été faits entre ces deux ministres.

4. Quel est le second parallèle? — C'est celui que le même auteur fait, dans son *Histoire de Charles XII, roi de Suède*, entre ce prince et le czar Pierre le Grand.

EXERCICES.

83e SUJET.

Montausier et Bossuet. — L'un d'une vertu haute et austère, d'une probité au-dessus de nos mœurs, d'une vérité à l'épreuve de la cour, philosophe sans ostentation, chrétien sans faiblesse, courtisan sans passion, l'arbitre du bon goût et de la rigidité des bienséances, l'ennemi du faux, l'ami et le protecteur du mérite, le zélateur de la gloire de la nation, le censeur de la licence publique; enfin un de ces hommes qui semblent être comme les restes des anciennes mœurs, et qui seuls ne sont pas de notre siècle. L'autre, d'un génie vaste et heureux, d'une candeur qui caractérise toujours les grandes âmes et les esprits du premier ordre, l'ornement de l'épiscopat, et dont le clergé de France se fera honneur dans tous les siècles; un évêque au milieu de la cour; l'homme de tous les talents et de toutes les sciences, le docteur de toutes les églises, la terreur de toutes les sectes, le père du dix-septième siècle, et à qui il n'a manqué que d'être né dans les premiers temps pour avoir été la lumière des conciles, l'âme des Pères assemblés, avoir dicté des canons, et présidé à Nicée et à Éphèse. (Massillon, *Oraison funèbre de la dauphine*.)

ANALYSE.

Quel est ce morceau? et quelle figure y distingue-t-on?

C'est un parallèle; il se partage en deux parties, qui consistent chacune en une énumération très-rapide et très-complète des qualités distinctives de Montausier ou de Bossuet.

Outre ces deux figures qui occupent tout le morceau, on remarque encore deux ellipses continuelles et répétées, puisqu'il n'y a presque pas de verbe exprimé, des antithèses, et une gradation très-énergique surtout à la fin de l'éloge de Bossuet.

CHAPITRE X.
LES QUALITÉS DU STYLE.

§ 56. DIVISION DU SUJET.

QUESTIONS THÉORIQUES.

1. Peut-on considérer, dans le style, autre chose que sa forme ? — Oui : considéré quant à ses qualités, le style peut être distingué de beaucoup de manières.

2. Comment les anciens divisaient-ils le style ? — Les anciens rhéteurs, qui suivaient toujours et partout la division ternaire, reconnaissaient trois genres de styles : le *style simple*, le *style tempéré* ou *orné*, et le *style sublime* (ou plutôt *magnifique*).

3. Était-ce une division bien complète ? — Non : si la simplicité, l'ornement, la magnificence sont des qualités particulières ; si elles font donner au style où elles dominent un nom particulier, toute autre qualité du même ordre doit aussi faire distinguer un style spécial.

4. Comment peut-on diviser l'étude des qualités du style ? — Le style, quant aux idées qu'il nous apporte, doit être *clair*, *net*, *précis* et *facile* ; quant au choix des expressions, il doit être *pur*, *convenable*, *élégant* ; quant à la manière propre de chaque auteur, il est *abondant*, *doux*, *ferme*, *fleuri*, *magnifique*, *plaisant*, *sérieux*.

5. Est-ce tout ? — Non : il y a des qualités qui doivent se trouver toujours ou presque toujours dans le style, comme la *clarté*, la *pureté*, le *naturel*, la *précision*, la *convenance*. On les nomme, à cause de cela, *qualités habituelles du style*.

6. Toutes les qualités ne sont-elles pas du même ordre ? — Non : d'autres ne se rencontrent que selon les sujets ; on les appelle *qualités accidentelles :* tels sont la *douceur, l'enjouement,* la *magnificence,* la *sublimité,* etc.

7. Que dire des qualités habituelles du style ? — Nous aurons d'abord à examiner la *clarté* du style, ou le style *clair,* et, par opposition, le style *obscur, embarrassé, entortillé, enchevêtré,* etc.

8. Que direz-vous ensuite ? — Après la *clarté,* la *précision,* ou le style *précis;* et, par opposition, le style *lâche* et *indécis,* et, à cette occasion, les *synonymes,* dont la distinction est si nécessaire.

9. Que direz-vous à propos de la *pureté ?* — Nous y opposerons le *purisme,* le *néologisme,* les *archaïsmes,* le style *marotique.*

10. Que direz-vous à propos du *naturel ?* — Nous considérerons le style *naïf,* le style *niais,* le style *forcé, affecté, prétentieux.*

11. Que direz-vous à propos de l'*élégance ?* — Nous parlerons de la *délicatesse,* de la *convenance,* de la *noblesse* et de la *bassesse* du style.

12. Qu'est-ce qui se rapporte à la *gaîté* ou à l'*enjouement* du style ? — C'est le *bouffon* et le *burlesque.*

13. Qu'est-ce qui se rapporte à la *finesse ?* — A propos de cette qualité, on parlera du style *pointu,* ou dans lequel on recherche et on exagère la finesse.

14. Qu'est-ce qui se rapporte à l'*énergie ?* — C'est le style *simplement sublime,* le *laconisme,* ou style *laconique.*

15. De quoi peut-on parler à propos de la *profondeur ?* — Du *galimatias,* qui en est l'abus, et de la *pédanterie,* qui en est l'affectation.

16. Que comprenez-vous sous le nom de *richesse ?*

— C'est le style *orné*, *doux*, *fleuri*, avec l'*abondance*, la *redondance* et la *pauvreté*.

17. Qu'est-ce qui se rapporte à la *magnificence* ou au style *magnifique* et *pompeux?* — Ce sont les divers abus de cette qualité, l'*enflure*, l'*emphase*, le *phébus* et le *pathos*.

18. Quel est le dernier genre de style? — C'est le style *poétique*, et, à ce propos, viendra l'examen de ce qui doit toujours distinguer la prose, même poétique, de la poésie proprement dite.

CHAPITRE XI.

LES QUALITÉS HABITUELLES DU STYLE.

---

§ 57. CLARTÉ.

QUESTIONS THÉORIQUES.

1. D'où dépend la *clarté?* — Elle dépend surtout du choix des mots, de la construction des phrases et de la suite des idées. Il faut fuir les termes équivoques, les constructions louches, les périodes trop longues ou qui sont traversées par des sens différents.

2. Ne dit-on pas communément que le caractère spécial du français est la clarté? — Cela est vrai, mais ne signifie pas que notre langue soit plus favorable qu'une autre à l'expression des idées ou à ceux qui parlent : cela veut dire seulement qu'elle demande à ceux qui s'en servent plus de précautions minutieuses pour être parfaitement entendus.

3. Qu'est-ce que l'*obscurité ?* — C'est le défaut de style opposé à la clarté.

4. **D'où dépend** cette obscurité ? — Elle peut dépendre de bien des causes : d'abord de ce que l'auteur ne s'entend pas parfaitement lui-même, ou ne comprend pas bien le sujet qu'il traite ; de ce qu'il emploie des mots inusités, ou dont le sens n'est pas celui qu'il leur donne ; de ce que ses phrases sont trop longues, que les diverses parties s'enchevêtrent les unes dans les autres ; de ce que quelques mots ou les rapports qu'ils expriment sont équivoques ; de ce qu'il abuse du style figuré, et réunit des idées incohérentes.

5. Qu'est-ce que le style *embarrassé* ou *enchevêtré ?* — C'est celui où l'obscurité vient plutôt encore de la construction de la phrase que de la pensée.

6. Qu'est-ce que le *style entortillé ?* — C'est celui où l'obscurité semble dépendre davantage de la forme singulière et peu naturelle qu'on affecte de donner à ses idées.

EXERCICES.

84e SUJET.

Une compagnie littéraire telle que l'Académie française, quoique établie pour l'honneur et le progrès des lettres, ne peut pas faire naître les talents ; mais du moins, en présentant un but à l'émulation, elle peut encore servir de barrière contre le mauvais goût, si elle persiste à maintenir dans toute leur intégrité les vrais principes de l'art d'écrire, principes invariables et sûrs, non pas seulement parce qu'ils ont été ceux des meilleurs esprits de tous les siècles, depuis Aristote jusqu'à Horace, et depuis Quintilien jusqu'à Despréaux ; mais surtout parce qu'ils sont essentiellement conformes au bon sens, qui est le même dans tous les temps et dans tous les lieux. C'est le bon sens qui nous dit que les deux qualités reconnues les plus indispensables en tout genre d'écrire, sont la justesse des idées

et la propriété des termes. L'Académie a cru d'autant plus nécessaire de rappeler aux jeunes écrivains cette vérité commune
et oubliée, qu'elle a vu, en lisant les pièces du concours, que
ce dont ils étaient le moins occupés, c'était de s'entendre eux-
mêmes et de se faire entendre aux autres. Plusieurs annoncent
de l'esprit et même du talent; mais ceux-là même ne songent
point assez à appliquer les idées au sujet et les expressions aux
idées. On voit trop clairement qu'égarés par les poétiques sans
nombre que l'on fait pour le moment et pour le besoin, ils ont
borné tous leurs efforts à rechercher quelques beautés accessoires, quelque partie de l'art dont on leur a exagéré l'importance, et qu'ils ont négligé l'art lui-même dans ce qu'il a d'es-
sentiel. (La Harpe, *Correspondance littéraire,* n° 173.)

ANALYSE.

Y a-t-il une qualité qui domine dans cette proposition?

C'est la clarté. Il est impossible de mieux exposer à la fois et la
question et la manière dont elle doit être résolue.

85e SUJET.

Le désir de savoir nous est naturel, et quoique nous ne puis-
sions pas dire absolument qu'il parte d'un mauvais principe et
de la corruption de notre nature, on voit néanmoins qu'il est
susceptible de tant de déréglements, que ceux qui ont fait les
plus solides réflexions sur la morale chrétienne ont jugé qu'il
y a une vertu particulière qui sert à modérer cette inclination
que notre naissance nous inspire, et où il est dangereux de
nous abandonner. (De Melun de Maupertuis, *Exorde du discours qui a remporté le prix en* 1673.)

ANALYSE CRITIQUE.

Que pensez-vous de ce style?

C'est le style qu'on appelle avec raison *embarrassé* ou *enchevêtré.*
Il n'y a pas moins de neuf conjonctions ou mots conjonctifs, sur
lesquels il y a six *qui* ou *que* se régissant successivement. *On voit
que,* etc.

86e SUJET.

J'ai communiqué ces difficultés à un de mes amis, qui, ne
s'étant jamais appliqué à la grammaire, n'a pas laissé de me

donner beaucoup d'ouvertures pour résoudre mes doutes ; et mes questions mêmes ont été cause qu'il a fait diverses réflexions sur les vrais fondements de l'art de parler, dont m'ayant entretenu dans la conservation, je les trouvai si solides, que je me fis conscience de les laisser perdre, n'ayant rien vu dans les anciens grammairiens ni dans les nouveaux qui fût plus curieux ou plus juste sur cette matière. (Lancelot, *Préface de la grammaire générale.*)

ANALYSE CRITIQUE.

Dites ce que vous pensez de ce style.

C'est un style embarrassé : on ne peut pas dire qu'il soit obscur ; la pensée reste parfaitement claire ; mais la construction en est souvent fort gênée.

Dont m'ayant entretenu, etc. *Dont* se rapporte à *réflexions*, et il en est séparé par neuf mots.

M'ayant entretenu se rapporte pour la pensée à l'ami de Lancelot (Arnault), et ce nom n'est représenté que par *qui* et *il* plusieurs lignes auparavant ; mais, dans la syntaxe, il ne se rapporte à rien du tout ; le seul mot auquel la construction le fasse rapporter, c'est *je* qui le suit, et ce rapport est absurde.

N'ayant rien vu se rapporte au même pronom *je*, et c'est par une tournure tout à fait étrangère à notre langue qu'on applique ainsi à un sujet placé au commencement de la phrase, un participe placé à la fin, ou après le verbe et ses compléments.

87e SUJET.

Tes vers, fils de l'éclair, tes vers nés d'un sourire,
Que tu n'arraches pas palpitants de ta lyre,
Mais *que* de jour en jour ta négligente main
Laisse à tout vent d'esprit tomber sur ton chemin ;
Comme ces perles d'eau *que* pleure chaque aurore ;
Dont toute la campagne au réveil se colore ;
Qui formeraient un fleuve en se réunissant,
Mais *qui* tombent sans bruit sur le pied du passant ;
Dont le soleil du jour repompe l'humble pluie,
Et *qu*'aspire en parfum le vent *qui* les essuie.

ANALYSE CRITIQUE.

Dites ce que vous pensez du style de ces vers ?

C'est encore un modèle de style enchevêtré ; il l'est à tel point que l'auteur, perdu dans les *comme, que, qui* et *dont*, ne s'est pas

6.

aperçu que sa phrase n'était pas même terminée. Il n'y a pas moins de neuf conjonctions ou adjectifs conjonctifs qui se gouvernent successivement.

Outre cela, il y a des fautes de syntaxe considérables et des expressions singulièrement forcées.

1°. *Que tu n'arraches pas*, etc. Qu'est-ce que c'est qu'*arracher des vers d'une lyre ?* On tire des sons d'une lyre; mais les vers viennent du poëte.

2°. Ta main les *laisse tomber de jour en jour*, etc. C'est la même faute; c'est la bouche et non la main qui produit les vers, quand on est supposé les chanter comme ici. Ajoutez que *de jour en jour* est un non-sens. L'auteur a voulu dire *chaque jour, tous les jours*, ce qui n'est pas la même chose.

3°. Elle laisse *à tout vent d'esprit*. Qu'est-ce qu'un *vent d'esprit*?

4°. L'aurore *pleure des perles*. C'est un contre-sens ou un barbarisme. *Pleurer* ne se prend transitivement que dans le sens de *regretter*, *gémir* sur un malheur : *pleurer la mort de son père, pleurer ses péchés. Pleurer des perles*, dans le sens de *répandre des perles*, est une locution absolument barbare.

5°. *Chaque aurore, la campagne se colore*. C'est moins l'expression ici que la pensée qui est à blâmer; il s'agit de la rosée : il est très-faux qu'il y ait de la rosée à *chaque lever du soleil;* il est surtout faux et même absurde que la campagne se *colore* par la rosée.

6°. Ces perles *tombent sans bruit sur le pied du passant*. Laissons de côté cette monstrueuse hyperbole des gouttes de rosée qui *formeraient* un fleuve. Que veut dire ce mot, que ces gouttes tombent sans bruit sur le pied du passant? Le passant va dans un chemin frayé où il n'y a ni herbe ni rosée ; ou bien la rosée tombe des arbres et arbrisseaux sur le passant tout entier, et alors elle tombe souvent avec bruit.

7°. Le vent *les essuie :* mauvaise expression. On peut dire que le vent les *sèche* ou les *dessèche; il n'essuie pas. Essuyer* emporte toujours l'idée du frottement, et ce n'est pas ainsi que le vent agit ni peut sembler agir.

---

§ 58. PRÉCISION.

QUESTIONS THÉORIQUES.

1. Quand peut-on dire que le style est *précis ?* — Lorsque l'expression détermine exactement la pensée de l'auteur et ne laisse aucun doute sur ce qu'il a voulu dire.

2. Que signifient les mots *précis, précision ?* — Ces mots viennent du latin ; d'après leur étymologie, ils signifient *coupé* ou *coupure en avant.* Quand on les applique au style, il faut entendre qu'on a coupé , c'est-à-dire retranché, tout ce qui n'est pas utile à l'expression exacte de ce que l'on pense.

3. En quoi la *concision* diffère-t-elle de la précision? — Elle en diffère en ce qu'elle est plutôt la brièveté même du discours que l'exactitude de sa signification. La précision, au contraire, consiste d'abord dans cette exactitude : la brièveté n'est plus qu'un moyen d'y arriver.

4. Comment peut-on se former à la précision ? — Pour se former un style précis, l'élève doit s'habituer à distinguer nettement ses idées, à saisir leurs véritables rapports : c'est là un travail d'esprit qui ne regarde pas la grammaire.

5. Est-ce là tout? — Il doit ensuite n'employer, pour rendre ses idées, que des mots qu'il comprenne bien, et qui soient compris de tout le monde dans le sens qu'il leur donne : c'est là qu'il a surtout besoin de faire attention aux nuances des mots, c'est-à-dire aux synonymes.

6. N'y a-t-il pas une autre condition encore relative à la construction ? — Il faut, de plus, qu'il range ses termes et ses phrases dans l'ordre le plus propre à en faire apercevoir exactement la relation analytique , et, s'il emploie un langage figuré, qu'il évite les images disparates ou contradictoires.

7. Qu'arrive-t-il si l'élève n'a pas donné à ce travail le soin qu'il exige ? — Il arrive presque toujours que le style reste, non pas inintelligible, mais *indécis,* c'est-à-dire qu'il n'y a pas de phrase qui ne prête à plusieurs sens divers.

8. Comment s'appelle encore l'indécision du style ? — Elle s'appelle autrement la *lâcheté* du style, à cause que la signification n'est pas nette et arrêtée comme elle devrait l'être.

9. Qu'appelle-t-on *synonymes ?* — On appelle ainsi les mots qui expriment des idées voisines, ou qui ne diffèrent que par des nuances quelquefois très-légères : c'est sur eux et sur leur emploi qu'on peut facilement se tromper ; et l'on conçoit que la distinction de ces synonymes doit contribuer puissamment à la précision du style.

10. N'y a-t-il pas, en ce qui se rapporte aux synonymes, une grande différence entre les divers écrivains ? — Oui : on a remarqué depuis longtemps que les écrivains supérieurs prennent toujours le mot propre : de là, la parfaite précision de leur style. Au contraire, les auteurs médiocres, ne saisissant pas exactement les différences des mots, prennent souvent l'un pour l'autre, et causent ainsi un sentiment pénible au lecteur sensible et judicieux.

11. Ne doit-on pas expliquer par ces nuances différentes l'emploi des mots *en* et *son, sa, ses,* dans la langue française ? — Oui, c'est encore aux synonymes qu'il faut rattacher certaines formes de langage que nous distinguons entre elles et que nous n'employons pas dans les mêmes circonstances, bien qu'elles aient des sens à peu près équivalents.

12. Que dit le Père Bouhours de l'adjectif possessif *son, sa, ses ?* — « Si cet article a rapport à des personnes ou à des choses personnifiées, il faut l'employer ; mais, s'il a rapport à des choses non personnifiées, l'usage varie, et il faut souvent recourir au mot *en.* »

13. Sur quoi est fondée cette distinction ? — Elle vient de ce que les articles *mon, ton, son,* qui se rap-

portent à *je*, *tu*, *il*, ou à *moi*, *toi*, *soi*, emportent avec eux l'idée non-seulement de l'appartenance, mais de la possession ; et comme la possession, dans la rigueur du terme, ne peut convenir qu'à l'espèce humaine, nous n'appliquons les articles possessifs qu'à nos semblables, autant que cela est possible.

14. Y a-t-il quelque différence entre la précision et la clarté? — Il y a une différence qui deviendra très-sensible, si l'on prend une phrase comme celle-ci : « C'est le mari de cette femme *qui* s'est cassé la jambe. » Le discours manque de précision, puisqu'on ne sait si c'est le mari ou la femme qui s'est cassé la jambe ; mais il est très-clair, puisque, quelque sens que vous entendiez, il n'y a dans votre esprit aucun nuage.

EXERCICES.

88e SUJET.

La seule nouveauté que les comédiens français aient jouée à Fontainebleau, est la comédie du *Séducteur*, en cinq actes et en vers. Cet ouvrage est de M. de Bièvre, qui n'était connu jusqu'ici dans le monde que par son goût pour les calembours, quoique ses amis sussent fort bien qu'il valait mieux que sa réputation, et qu'il avait choisi un genre d'esprit fort au-dessous du sien. Il y a six ans qu'il me montra, sous le sceau du secret, la comédie du *Séducteur* : j'y trouvai de fort jolis vers ; mais je ne fus pas content de la pièce. Il la présenta néanmoins aux comédiens, qui la refusèrent ; il la retravailla depuis, et la fit recevoir cette année. Elle a été jouée anonyme à Fontainebleau, où elle a eu peu de succès, et à Paris, où elle en a eu beaucoup. C'est là le cas de demander qui avait tort ou raison, de la ville ou de la cour. A mon avis, l'une a été sévère et l'autre indulgente, et il y a dans la pièce assez de mérite et de défauts pour justifier à un certain point l'un et l'autre jugement. (La Harpe, *Correspondance.*)

ANALYSE.

Montrez ce qui fait la précision du style de ce morceau.

C'est la netteté des détails et la justesse de l'expression : c'est M. de Bièvre qui n'était *connu que par* une manie, mais qui *valait mieux que...* et qui *avait choisi un autre genre d'esprit....* c'est sa pièce du *Séducteur*, où il y avait de *fort jolis vers*, quoique la pièce ne fût pas *bonne dans son ensemble;* c'est le jugement de la *ville* et de la *cour :* l'une a été *sévère*, l'autre *indulgente;* et il y a dans la pièce assez de *mérite et de défauts pour*, etc. Il n'est pas possible de méconnaître ce qu'il y a de précis et de délicat dans cette manière de juger.

89e SUJET.

Montrez par des images et des distinctions précises que ce n'est pas faire un grand sacrifice à Dieu que de lui sacrifier le monde. Prouvez cette vérité par la considération de l'instabilité des choses naturelles.

COMPOSITION.

Tout tend vers la mort. Le monde entier n'est rien, parce que tout ce qui est mesuré va finir. Le ciel, qui vous couvre par sa voûte immense, est comme une tente, selon la comparaison de l'Écriture : on la dresse le soir pour le voyageur, et on l'enlève le matin. Quelle doit être notre vie et notre conversation ici-bas, dit un apôtre, puisque ces cieux que nous voyons, et cette terre qui nous porte, vont être embrasés par le feu? La fin de tout arrive ; la voilà qui vient ; elle est presque déjà venue. Tout ce qui paraît le plus solide n'est qu'une image creuse, qu'une figure qui passe et qui échappe quand on en veut jouir, qu'une ombre fugitive qui disparaît. C'est donc une pitoyable erreur que de s'imaginer qu'on sacrifie beaucoup à Dieu quand on quitte le monde pour lui ; c'est renoncer à une illusion pernicieuse; c'est renoncer à de vrais maux, déguisés sous une vaine apparence de bien. Perd-on un appui quand on jette un roseau fêlé, qui, loin de nous soutenir, nous percerait la main si nous voulions nous y appuyer? Faut-il bien du courage pour s'enfuir d'une maison qui tombe en ruine et qui nous écraserait dans sa chute? Que quitte-t-on donc en quittant le monde? Ce que quitte celui qui, à son réveil, sort d'un songe plein d'inquiétude. Tout ce qui se voit, qui se touche, qui se compte, qui se mesure par le temps, n'est qu'une ombre de l'être véritable. A peine commence-t-il à être, qu'il n'est déjà plus. Ce n'est rien sacrifier à Dieu que de lui sacrifier la nature entière; c'est lui donner le néant, la vanité, le mensonge même. (Fénelon, *Entretien sur la vie religieuse*.)

90e SUJET.

Si, quand il faut donner des avis importants il (un ambassadeur) passait les nuits et les jours sur les ouvrages d'un historien et d'un philosophe, sa conduite passerait pour ridicule par toute la terre; et l'on ne se contenterait pas de la mépriser ou de la blâmer, mais dès qu'elle serait connue du prince qui l'aurait honoré de cet emploi, il ne manquerait pas de l'en priver sur l'heure même. (De Melun de Maupertuis, *Discours qui a remporté le prix en* 1673.)

ANALYSE CRITIQUE.

Que pensez-vous de ce style?

C'est un style obscur par l'équivoque qui se trouve à la fin, dans *il ne manquerait pas*: on croirait d'abord que *il* se rapporte à *ambassadeur*, sujet des phrases précédentes; et il faut le rapporter à *prince*, qui n'est qu'un complément dans une proposition secondaire.

91e SUJET.

La voiture fit halte à l'église d'Urrugne,
Nom rauque, dont le son à la rime répugne,
Mais qui n'en est pas moins un village charmant,
Sur un sol montueux perché bizarrement.
C'est un bâtiment pauvre en grosses pierres grises,
Sans archanges sculptés, sans nervures ni frises.

ANALYSE CRITIQUE.

Examinez le style de ces vers, quant à la clarté et à la précision du sens.

Ces vers sont d'une construction grammaticale si mauvaise, qu'ils seraient absolument inintelligibles si le lecteur ne se prêtait complaisamment à ce qu'ils doivent signifier.

On lit d'abord : l'*église d'Urrugne, nom rauque; Urrugne* qui possède une église n'est pas un nom, c'est un village : il fallait mettre *dont le nom rauque* ou *qui a un nom rauque*, etc.

2°. L'obscurité signalée ici s'épaissit encore dans le vers suivant : le poëte écrit en effet : nom rauque *dont* le son répugne à l'oreille, *mais qui n'en est* pas moins *un village*. S'il y a quelque chose d'évident pour ceux qui entendent le français, c'est que ces deux conjonctifs *dont* et *qui*, placés ainsi, se rapportent au même objet; or, quand nous lisons *nom rauque dont le son répugne à l'oreille, dont* se rapporte assurément au nom du village, et non pas au village lui-même ; et quand vient cette phrase : *qui n'est pas moins un village charmant*, c'est le nom même que l'expression nous donne comme étant un village ; c'est un amphigouri des plus impénétrables.

Il fallait évidemment :

> La voiture fit halte à l'église d'Urrugne,
> Dont le nom rauque et dur à la rime répugne,
> Mais qui n'en est pas moins un village charmant
> Sur un sol montueux perché bizarrement.

3°. La confusion recommence au cinquième vers : *c'est un bâtiment pauvre*. Le poëte rapporte *ce* à l'église : il ne peut se rapporter qu'au village. L'église n'a été nommée qu'en passant ; et trois vers nous en ont détournés pour arrêter notre pensée sur le nom, la situation et la valeur d'Urrugne. Il n'est pas possible de rapporter le nom *ce* à un objet aussi éloigné : de sorte que, revenant à lui, il fallait mettre *son église*, où, mieux encore, *cette église :*

> Cette église est bâtie en grosses pierres grises,
> Sans archanges sculptés, sans nervures ni frises.

---

§ 59. PURETÉ.

QUESTIONS THÉORIQUES.

1. Que veut dire le mot *pur ?* — *Pur* signifie exactement *ce qui n'est pas mélangé*.

2. En quoi consiste la pureté du style ? — La pureté vient surtout de ce qu'il n'y a pas de mélange ; et, par conséquent, on parlera purement une langue quand on n'emploiera que des mots et des tournures essentiellement propres à cette langue ; quand on n'admettra dans les figures ou les ornements rien de contradictoire ou de disparate.

3. Quels sont les auteurs français les plus purs ? — Les écrivains les plus purs depuis le xviie siècle sont Boileau, Racine, Voltaire, Gresset, Delavigne, parmi les poëtes ; Pascal, Bossuet, Massillon, Montesquieu, Voltaire, Buffon, parmi les écrivains en prose.

4. Quels sont les défauts de style opposés à la pureté? — Ce sont le *purisme*, le *néologisme*, l'*archaïsme*, le style *marotique*.

5. Qu'est-ce que le *purisme* ? — C'est l'excès de la pureté ; c'est une pureté recherchée et fondée sur des règles capricieuses et arbitraires qui n'ont aucun fondement, ni dans l'usage, ni dans la raison.

6. Qu'est-ce que le *néologisme* ? — On appelle ainsi l'emploi d'un terme nouveau. Le néologisme est bien souvent opposé à la pureté du style, non pas seulement quand les mots sont mal faits, mais même lorsque étant convenablement composés, ils sont employés dans des phrases dont nous n'avons pas l'habitude. Alors, si surtout ils sont en grand nombre, ils donnent au discours un air étranger, et font même qu'on a de la peine à le comprendre.

7. Qu'est-ce que l'*archaïsme* ? — L'*archaïsme*, dont le nom signifie *imitation des anciens*, ne se dit qu'en fait de langage ; il désigne l'emploi de mots ou de tournures vieillies. Il y a des archaïsmes non pas seulement dans les mots, mais aussi dans leur construction.

8. L'archaïsme doit-il être toujours rejeté? — L'archaïsme est tantôt un défaut, tantôt une beauté dans le discours ; il est le plus souvent un défaut, parce qu'il fait mêler au langage d'une époque celui d'un autre âge, et y jette ainsi non-seulement une bigarrure désagréable, mais, la plupart du temps, des termes inintelligibles, ou du moins difficiles à comprendre.

9. Quand l'archaïsme est-il louable? — Il y a tel mot tombé en désuétude dont il arrive souvent à de bons écrivains de regretter l'énergie, parce qu'aucun équivalent n'en tient lieu. On peut le risquer alors, en le plaçant assez bien pour en faire sentir le besoin et en justifier l'emploi.

10. D'où vient le nom de *style marotique ?* — Il vient de Clément Marot, qu'on a la prétention d'imiter ; mais c'est un style qui , la plupart du temps , ne ressemble en rien à celui de ce poëte.

11. Qu'est-ce donc qui distingue le style de Marot? — C'est une grande clarté, jointe à une justesse et un naturel d'expression qu'on n'a pas surpassés, et , souvent , à des coupes de vers extrêmement heureuses.

12. En quoi consiste le style qu'on appelle *marotique ?* — Il consiste presque toujours à recueillir et ordonner d'une manière pénible et embarrassée des mots fort anciens ou qui n'ont même pas été français, mais qu'on dérive tout exprès du latin. On compose ainsi une sorte de jargon ténébreux qui n'est qu'un mauvais pastiche.

92e SUJET.

L'homme en société. — Parmi les hommes, la société dépend moins des convenances physiques que des relations morales. L'homme a d'abord mesuré sa force et sa faiblesse, il a comparé son ignorance et sa curiosité; il a senti que seul il ne pouvait suffire ni satisfaire par lui-même à la multiplicité de ses besoins; il a reconnu l'avantage qu'il aurait à renoncer à l'usage illimité de sa volonté pour acquérir un droit sur la volonté des autres; il a réfléchi sur l'idée du bien et du mal , il l'a gravée au fond de son cœur à la faveur de la lumière naturelle qui lui a été départie par la bonté du Créateur; il a vu que la solitude n'était pour lui qu'un état de danger et de guerre, il a cherché la sûreté et la paix dans la société; il y a porté ses forces et ses lumières pour les augmenter en les réunissant à celles des autres : cette réunion est de l'homme l'ouvrage le meilleur; c'est de sa raison l'usage le plus sage. En effet, il n'est tranquille , il n'est fort, il n'est grand, il ne commande à l'univers, que parce qu'il a su se commander à lui-même, se dompter, se soumettre et s'imposer des lois; l'homme, en un mot, n'est homme que parce qu'il a su se réunir à l'homme. (Buffon, *Histoire naturelle.*)

ANALYSE.

Examinez ce morceau par rapport à la pureté du style.

Tout est d'une pureté accomplie et dans les termes et dans les constructions, excepté peut-être ces deux phrases : *cette réunion est de l'homme l'ouvrage le meilleur, c'est de sa raison l'usage le plus sage*, où l'on trouve des inversions inusitées dans notre langue, et qui paraissent n'avoir ici aucun motif.

93e SUJET.

Les princes de la maison d'Autriche, pendant plus de deux cents années, ont été *lévreux* et les princesses *lévreuses* (ont eu de grosses lèvres).... Oui, monsieur, si je n'avais pas tant différé, je serais *librairesse* aujourd'hui.... Polyphème étendait ses longs bras dans la *noireté* de son antre souterrain.... Cet homme a quatre-vingt-quatre ans passés; il a bien l'air de vouloir *nonanter* (aller jusqu'à quatre-vingt-dix ans).... C'est un homme *promenable*, c'est-à-dire qui se promène souvent pour courir après des places qu'il n'obtient pas. (Mercier, *Néologie*.)

ANALYSE CRITIQUE.

Examinez et jugez ce style.

C'est un style fort mauvais, et rempli des néologismes les plus mal formés et les plus inutiles.

Lévreux, pour dire qui a de grosses lèvres, est un mot fort mal dérivé. La terminaison adjective *eux* signifie ordinairement *plein de* : *boueux*, plein de boue; *sablonneux*, plein de sablon; terrain *marécageux*, plein de marécages : un homme *lévreux* serait donc, en suivant cette analogie, un homme *plein de lèvres*, ce qui n'a pas de sens. Mais il y a plus : ce mot est aussi inutile que mal formé. Une grosse lèvre s'appelle une *lippe*, et on appelle *lippu* celui qui a de grosses lèvres : *les nègres sont lippus* (Académie). Le néologisme de Mercier est donc aussi inutile que barbare.

Librairesse. Ce mot n'est pas mal formé; mais il est complétement inutile, non pas qu'une femme ne puisse exercer la profession de libraire, mais parce que, quand elle l'exerce, rien ne la distingue de l'homme exerçant la même profession.

Noireté. Encore un mot mal formé. Les adjectifs de couleur forment leur nom abstrait, quand il est usité, en *eur*, et non pas en *té* : *blanc*, blancheur; *rouge*, rougeur; *vert*, verdeur; on devait donc dire et on dit en effet *noirceur*. Que si ce mot ne se prend pas ordinairement pour désigner un lieu sombre, on a le mot *obscurité* qui dit précisément la même chose.

Nonanter. Ce mot bizarre n'a aucune raison d'être. On ne doit pas plus dire *nonanter* que *center,* que *quatrevingter* ou *octanter;* aussi est-il absolument inintelligible.

Promenable. Mot inutile et d'ailleurs mal composé. Un homme *promenable,* selon l'analogie des terminaisons, serait celui que l'on peut promener, et non celui qui se promène sans cesse. Du reste, c'est un mot qui ne sera jamais habituel chez nous, et que l'on forgerait à l'instant si on en sentait le besoin.

94e SUJET.

Démade, Athénien, condamna un homme de sa ville, qui faisait métier de vendre les choses nécessaires aux enterrements, sous titre de ce qu'il en demandait trop de profit, et que ce profit ne lui pouvait venir sans la mort de beaucoup de gens. Ce jugement semble être mal pris, d'autant qu'il ne se fait aucun profit qu'au dommage d'autrui, et qu'à ce compte il faudrait condamner toute sorte de gains. Le marchand ne fait bien ses affaires qu'à la débauche de la jeunesse ; le laboureur à la cherté des blés ; l'architecte à la ruine des maisons ; les officiers de la justice aux procès et querelles des hommes. «Nul médecin ne prend plaisir à la santé de ses amis mêmes, dit l'ancien comique grec, ni soldat à la paix de sa ville; » ainsi du reste. Et, qui pis est, que chacun se sonde au dedans, il trouvera que nos souhaits intérieurs, pour la plupart, naissent et se nourrissent aux dépens d'autrui. Ce que considérant, il m'est venu en fantaisie comme nature ne se dément point en cela de sa générale police ; car les physiciens tiennent que la naissance, nourrissement et augmentation de chaque chose est l'altération et corruption d'une autre. (Montaigne, *Essais,* liv. I, ch. 21.)

ANALYSE CRITIQUE.

Examinez ce chapitre, et jugez-en le style par rapport à notre manière de parler actuelle.

Ce morceau remarquable, écrit dans le XVIe siècle, nous paraît plein d'archaïsmes.

1o. *Un homme de sa ville;* nous dirions : *un de ses concitoyens.*

2o. *Sous titre;* nous dirions : *sous prétexte.*

3o. *Jugement mal pris;* nous dirions mieux : *mal fondé.*

4o. *D'autant qu'il ne se fait;* nous disons maintenant : *d'autant plus qu'il ne se fait.*

5o. *Au dommage d'autrui;* nous ne prenons pas ainsi *dommage* avec la préposition *à;* nous disons : *aux dépens.*

6°. *A la débauche de la jeunesse ; débauche* est pris ici dans un sens général qu'il n'a plus. Il signifiait alors tous les excès dans tous les genres de plaisirs ; il ne signifie guère aujourd'hui que les excès qui peuvent rabaisser l'homme, comme l'ivrognerie, la bonne chère, etc. Le luxe dans les chevaux, dans les voitures, dans les vêtements, entrait dans l'idée de débauche du temps de Montaigne, et n'y entre pas aujourd'hui.

7°. *Ce que considérant* ; cette tournure rapide n'est plus guère employée.

8°. *Il m'est venu en fantaisie* ; nous dirions : il m'est venu dans *l'imagination*, dans *la pensée*.

9°. *Comme nature* ; nous dirions : *comment la nature*, en exprimant l'article.

10°. *Ne se dément pas* ; nous dirions : *ne se départ pas*.

11°. *De sa générale police* ; nous mettrions l'adjectif après le substantif, et nous dirions plutôt *de ses lois générales* que de sa *police*.

12°. *La naissance, nourrissement et augmentation* ; nous dirions *nourriture* au lieu de *nourrissement*, et surtout nous mettrions l'article devant chaque nom.

95ᵉ SUJET.

Le poëte Vigée (mort en 1810), qui ne pardonnait pas à l'Académie française de ne l'avoir pas admis dans son sein, a fait contre elle des épigrammes plus lourdes les unes que les autres, et presque toutes écrites dans le style de la suivante :

> Dans certain corps famé comme savant,
> Dont chaque élu, sans que trop se fatigue,
> Immortel est, du moins de son vivant,
> N'entre-t-on point lorsque place on y brigue ?
> — Non., si pour soi l'on n'a rien que talent :
> Oui, si l'on a protection, intrigue.
> Mais d'un refus qu'advienne à vous le cas :
> A tel on dit : Par quel hasard en êtes ?
> Et vaut bien mieux, vos preuves étant faites,
> Qu'à vous soit dit : Pourquoi n'en êtes pas ?

ANALYSE CRITIQUE.

Examinez avec soin ces vers, et dites ce que vous pensez du style.

Vigée a cru faire là du style marotique : il n'a rencontré qu'un détestable jargon, qui n'a pas même été autrefois plus français qu'il ne l'est aujourd'hui.

1°. *Famé comme savant* ne vaut rien. Vigée a voulu dire *réputé savant, cru savant.*

2°. *Sans que trop se fatigue.* L'auteur commence, dès le second vers, à supprimer les pronoms devant les verbes, comme il supprimera l'article devant les noms. Ce moyen, qui n'était qu'exceptionnel du temps de Marot, est général chez lui : tant il est vrai que cette prétendue imitation du style ancien n'en est que la caricature.

3°. *Place on y brigue :* c'est *une place* qu'il faudrait ; *briguer place* est détestable.

4°. *On n'a rien que talent.* Dites : *on n'a que du talent ;* c'était l'expression naturelle. L'auteur a voulu à toute force supprimer l'article ; il est tombé dans le barbarisme.

5°. *Si l'on a intrigue.* Qu'est-ce que ce français-là ? Il fallait, sans doute, *si l'on a de l'intrigue ;* encore, l'expression ne serait-elle pas bien bonne.

6°. Le vers suivant est un renversement des plus bizarres.

7°. *Par quel hasard en êtes ?* Mauvaise ellipse. Il faut *en êtes-vous ?* Il est impossible d'interroger ainsi.

8°. *Et vaut bien mieux.* Mettez *il vaut bien mieux.* La manie de retrancher partout les pronoms, pour imiter une construction qui n'a jamais été française, au moins régulièrement, lui fait gâter des vers qui ne seraient pas mauvais sans cela.

9°. *Qu'à vous soit dit.* Mettez encore *qu'il vous soit dit.*

10°. *Pourquoi n'en êtes pas.* Même observation que tout à l'heure. Il faut que le pronom soit après le verbe. *Pourquoi n'en êtes-vous pas ?*

---

§ 60. NATUREL.

QUESTIONS THÉORIQUES.

1. En quoi consiste le style *naturel ?* — Il consiste à rendre une idée, une image, un sentiment, sans effort et sans apprêt. L'expression même la plus brillante perd de son mérite dès que la recherche s'y laisse apercevoir.

2. Peut-on citer un modèle achevé du style naturel ? — Ce sont certainement les lettres de madame de Sévigné.

3. Qu'est-ce que le style *naïf ?* — C'est une variété du style naturel.

4. Que signifie le mot *naïf ?* — Ce mot s'est formé

par syncope du mot *natif*, qui remonte à la même racine que *nature* et *naturel*, au verbe *naître*. Le style naïf, en effet, ou, pour parler plus exactement, la *naïveté* du style, c'est le naturel dans les petites choses, dans les détails très-peu élevés.

5. Pourquoi La Fontaine est-il donné comme un modèle de naïveté dans un grand nombre de ses fables? — C'est que La Fontaine, se mettant, sinon toujours, au moins fort souvent dans la position de ses personnages, les fait parler comme ils parleraient s'ils avaient en effet la parole.

6. La naïveté ne peut-elle pas amener la *bassesse* du style? — Oui, quand on insiste sur des détails bas, désagréables par leur trivialité, comme cela se voit souvent dans Scarron.

7. Qu'est-ce que la *niaiserie* du style? — Le style est *niais* quand les détails dans lesquels on entre ne signifient rien du tout, ou offrent si peu d'intérêt qu'on se demande si l'on n'aurait pas mieux fait de les laisser de côté.

8. Qu'est-ce que le style *affecté*? — C'est celui qui n'est pas naturel. L'*affectation* consiste donc à chercher toujours et partout des formes éloignées de la nature, à dire en termes recherchés, et quelquefois ridiculement choisis, des choses triviales ou communes.

9. Ne s'est-on pas quelquefois amusé de ce défaut? — Nos comiques ont mis parfois sur la scène des gens fort ignorants qui font les beaux parleurs; le langage qu'ils leur prêtent est précisément notre style affecté. La comédie des *Précieuses ridicules* roule, en grande partie, sur ce travers.

10. Qu'est-ce que le style *prétentieux*? — C'est une variété du style affecté; c'est celui dans lequel l'auteur vise à une qualité particulière qu'il ne peut atteindre.

EXERCICES.

96e SUJET.

Je ne lui eus pas sitôt dit que j'avais envie d'être précepteur, qu'il fit une grimace dont je ris encore toutes les fois que je m'en souviens. Je vous plains, seigneur bachelier, s'écria-t-il. Que voulez-vous faire? quel genre de vie allez-vous embrasser? Savez-vous bien à quoi il vous engage? à sacrifier votre liberté, vos plaisirs et vos plus belles années à des occupations pénibles, obscures et ennuyeuses. Vous vous chargerez d'un enfant qui, quelque bien né qu'il puisse être, aura toujours des défauts. Vous aurez ses caprices à dompter, sa paresse à vaincre, et son humeur à corriger. Vous n'en serez pas quitte pour les peines que votre élève vous fera souffrir; vous serez obligé d'essuyer de la part de ses parents de mauvais procédés, et de dévorer même quelquefois les mortifications les plus humiliantes. Ne pensez donc pas que le préceptorat soit une condition pleine de douceur.... J'ait fait le métier que vous avez envie de faire; c'est le plus misérable que je connaisse.... J'ai élevé le fils d'un alcade de cour.... J'ai passé huit années dans un esclavage plus rude que celui des chrétiens en Barbarie. Mon élève, qui, de tous les enfants du monde, était peut-être le moins propre à recevoir une excellente éducation, joignait à une stupidité naturelle une aversion parfaite pour tout ce qui s'appelle ordre et devoir; de manière que, pour l'endoctriner, j'avais beau suer sang et eau, je ne faisais que semer sur le sable. Encore aurais-je pris patience, si l'alcade, moins aveuglé par l'amour paternel, eût rendu justice à son fils; mais, ne pouvant le croire aussi stupide qu'il était, il s'en prenait à moi; il me reprochait l'inutilité de mes leçons, et, ce qui ne m'était pas moins sensible que l'injustice de ses reproches, il me les faisait ans ménager les termes. (Le Sage, *le Bachelier de Salamanque.*)

ANALYSE.

Quel est le caractère particulier du style de ce morceau?

C'est la gaîté, la légèreté, et surtout le naturel. Les exagérations mêmes qu'on trouve dans ces lignes, exprimées d'ailleurs dans les termes communs d'une conversation choisie, sont tout à fait dans les habitudes de ceux qui se plaignent d'une profession par où ils ont passé ; et il est impossible de rien voir de plus vrai, de plus piquant que ce ressentiment d'un homme déjà âgé contre l'état qu'il a fait autrefois, et ce ton de mépris et de dénigrement avec lequel il en parle.

97e SUJET.

Horace croit qu'Alexandre jugeait mal de la poésie, parce que, comme il vient de le dire quelques vers plus haut, il avait si bien goûté les vers d'un méchant poëte appelé Chœrilus, qu'il lui avait donné quantité de pièces d'or. Mais il ne faut pas prendre trop à la lettre le jugement d'Horace; l'estime qu'Alexandre avait pour Homère doit nous faire juger plus avantageusement de son goût pour la poésie que la libéralité qu'il fit à ce méchant poëte n'en doit faire juger désavantageusement. Les libéralités des princes magnifiques comme Alexandre ne marquent pas toujours leur goût pour les ouvrages qu'on leur présente. Ce sont souvent des excès de leur magnificence qu'on n'a pas toujours mérités. Ils font comme les dieux, ils récompensent notre bonne volonté et notre zèle : car ils n'ont pas toujours, comme Auguste, des Horace et des Virgile sur qui verser leurs dons, ni, comme le roi (Louis XIV), des Despréaux, des Corneille et des Racine : ou, pour me servir d'une comparaison plus familière, ils sont comme les habiles jardiniers, qui cultivent et arrosent souvent les plantes, moins pour les fruits qu'elles ont déjà portés que pour ceux qu'ils espèrent qu'elles porteront à l'avenir. Le roi a plus donné que ni Alexandre, ni tous les princes du monde ; et nous serions bien malheureux s'il n'avait jamais donné que par goût : car, comme personne n'a le goût plus fin ni plus délicat, moins de gens auraient eu part à sa magnificence. M. Dacier et moi savons au moins qu'il y a trente-cinq ans que nous vivons de ses bienfaits, et nous n'avions encore rien fait alors qui en fût digne. Ce que nous avons pu faire depuis, s'il a quelque mérite, est dû à ces regards favorables qu'il a jetés sur nous. (Madame Dacier, *des Causes de la corruption du goût.*)

ANALYSE CRITIQUE.

Dites ce que vous pensez de ce style.

Ce qui y manque, c'est le naturel ; non pas que madame Dacier soit tombée dans le style prétentieux ou affecté, mais parce que ses phrases sont lourdes et pénibles. La tournure n'a ni légèreté ni agrément.

7

1°. Ce sout des *qui* et *que* échelonnés les uns sur les autres : Horace croit *que*.... *parce que*.... *comme*.... *si bien que*.... L'estime *que*.... plus avantageusement *que*.... la libéralité *que*.... comme les jardiniers *qui*.... moins pour les fruits *que*.... *que* pour ceux *que*.... ils espèrent *qu'elles*....

2°. Des répétitions désagréables : *doit faire juger plus avantageusement* que.... ne *doit faire juger désavantageusement*.... qu'elles *ont porté*.... qu'elles *porteront*.

3°. Des comparaisons traînantes et multipliées sans raison : *comme les dieux*.... *comme Auguste*.... *comme le roi*.... *comme les habiles jardiniers,* etc.

Cela explique comment ce morceau, malgré la beauté des sentiments exprimés à la fin et la convenance des pensées, est d'une lecture peu agréable.

98ᵉ SUJET.

De nouveaux troubles advenus dans la cour donnèrent aux zélés du parti (protestant) hardiesse de s'agiter encore, et Duplessis eut à reprendre cet emploi difficile de modérateur auquel il s'était résigné. Les réformés, malgré tout ce qu'il faisait pour pallier leurs torts, étaient en pleine désobéissance lorsque arriva la mort du maréchal d'Ancre. Ce fut un prétexte de joie et de bienveillance générale. Duplessis, comme tout le monde, félicita le roi de ce sanglant coup d'État. (Bazin, *Études d'histoire et de biographie.*)

ANALYSE CRITIQUE.

Dites ce que vous pensez de ce style.

Il est impossible de rien voir de moins naturel que ces expressions et ces tournures.

1°. *Des troubles advenus* ne se dit pas, au moins dans le langage ordinaire.

2°. *Dans la cour* n'est pas bon quand il s'agit du gouvernement : on croirait qu'il s'agit de la cour d'une maison ; il aurait fallu mettre *arrivés à la cour.*

3°. *Hardiesse de s'agiter* est une mauvaise construction ; il fallait *la hardiesse de s'agiter.* On ne peut pas supprimer l'article.

4°. *L'emploi de modérateur* est une expression inexacte. Ce n'est pas un emploi, c'est un rôle, un personnage ; il fallait donc mettre *le rôle de modérateur.*

5°. *Pleine désobéissance* n'est pas heureux. On dit bien être en *pleine révolte,* parce que la révolte est susceptible de degrés. Mais du moment qu'on n'obéit pas, la désobéissance est absolue et complète, quoiqu'elle puisse être plus ou moins coupable.

6°. *Un prétexte de bienveillance générale* ne s'entend pas. La bienveillance ne peut être qu'à l'égard de quelqu'un. De qui s'agit-il ici? On ne le sait pas.

---

§ 61. ÉLÉGANCE.

QUESTIONS THÉORIQUES.

1. En quoi consiste l'*élégance ?* — L'*élégance* consiste dans l'heureux choix des termes. C'est une qualité qu'il est plus facile de sentir que de démontrer.

2. Comment se distingue-t-elle de la pureté ? — Elle en diffère en ce que celle-ci n'admet que des mots usités dans la langue, et qui peuvent n'être pas les meilleurs ou les plus exacts, tandis que l'élégance cherche toujours les plus convenables en un moment donné, et en admet même qui ne sont pas absolument français.

3. Citez un exemple. — Voltaire, dans ses lettres familières, forge un assez grand nombre de mots sans prétention, qui n'empêchent pas son style d'être élégant, quoiqu'il ne soit pas pur. Il appelle Maupertuis *aplatisseur du monde;* l'acteur Lanoue, *embellisseur de Mahomet.* Ces mots *aplatisseur, embellisseur,* sont tout à fait inusités en français ; mais, placés comme ils le sont dans ces lettres, ils y sont élégants, car il était impossible de trouver un mot qui rendît mieux la pensée de l'auteur et qui fût pour les lecteurs un compliment plus agréable.

4. Qu'est-ce que la *délicatesse ?* — C'est une variété de l'*élégance;* on pourrait la définir une *précision élégante.*

5. Expliquez cette définition. — La délicatesse consiste, en effet, à saisir et à exprimer par des termes bien choisis les nuances qui distinguent les idées. Poussée à l'excès, cette qualité devient facilement un défaut; mais, dans de certaines limites, elle est fort agréable.

6. N'y a-t-il pas un style à citer à propos de l'élégance et de la délicatesse? — Il convient de parler du style *académique*.

7. Le style académique ne se prend-il pas quelquefois en mauvaise part? — Oui : il se prend quelquefois pour un style figuré, chargé d'ornements, de métaphores, d'antithèses et d'épithètes.

8. Ce style est-il, en effet, *essentiellement* chargé d'ornements? — Non, assurément : ces qualités s'y trouvent fort souvent, et en trop grande quantité peut-être ; mais cela vient de la situation même et de l'auditoire auquel on s'adresse.

9. Expliquez cela. — Le nom de style académique vient, en effet, de ce qu'on le trouve dans les discours prononcés devant les académies, c'est-à-dire devant des personnes choisies, habituées aux formes de langage les plus élégantes, à un choix et à une finesse d'expression dont il est interdit de s'écarter.

10. Quel peut être l'inconvénient de cette situation? —Le principal est que ce style entre dans des discours faits pour un auditoire qu'on ne retrouve pas hors de l'enceinte des académies. Les figures et les ornements qu'il recherche sont l'unique moyen de présenter sa pensée d'une manière agréable, piquante et qui excite les applaudissements; et, comme ce moyen ne consiste guère que dans la finesse des tours ou la délicatesse des expressions, l'effet s'en perd dans le tourbillon du monde et des affaires ; et l'on regarde facilement comme un défaut ce qui, à sa place et à son moment, était, au contraire, une qualité.

11. Qu'est-ce que la *convenance* en général? — C'est encore une variété de l'élégance ; elle consiste à

choisir des expressions en parfait rapport avec le sujet qu'on traite.

12. Qu'est-ce que la *noblesse ?* — Quand le sujet est un peu élevé, la convenance devient *noblesse*, et cette qualité peut se trouver même dans des sujets communs et bas, si l'expression conserve toujours cette dignité et cette forme polie qui caractérisent la bonne compagnie.

13. Qu'est-ce que la *bassesse ?* — Le manque absolu de noblesse ou de convenance fait la *bassesse* ou la *trivialité* du style.

EXERCICES.

99ᵉ SUJET.

C'est pour la gloire qu'on entreprend les choses les plus difficiles, qu'on étudie, qu'on voyage, qu'on donne des batailles, qu'on expose sa vie à mille périls. Nul de ceux qui la désirent ne doute qu'il ne la mérite; plusieurs pensent la posséder, qui ne la possèdent point et ne la posséderont jamais. On la cherche par mille chemins opposés où l'on ne saurait la trouver. Quelques-uns l'ont même cherchée en croyant la mépriser. Chacun la met où il lui plaît, et s'en forme une idée selon sa fantaisie. Plus les hommes ont d'élévation de cœur et d'esprit, plus ils sont touchés de l'amour des louanges, et d'un violent désir d'acquérir de la réputation. Enfin, la gloire est le ressort le plus universel du monde, quoique le plus inconnu; car ceux-là mêmes qu'elle agite sans cesse ignorent ce qu'il faut précisément appeler gloire, et bien plus encore, ce qu'il faut faire pour la mériter. (Mademoiselle de Scudéry, *Discours qui a remporté le prix en 1671.*)

ANALYSE.

Dites quel est le style de ce morceau.

C'est un modèle achevé du style académique; tout y est dit avec une élégance et une délicatesse d'expression irréprochables. Il y a beaucoup d'antithèses; elles sont toutes d'une grande justesse, et d'une précision parfaite. Il n'y a peut-être ici qu'une idée fausse; mais elle l'est de cette fausseté qui doit paraître vraie aux académiciens et à leur auditoire. A prendre la totalité des hommes, ce n'est pas la gloire, c'est le besoin qui est le ressort le plus universel du monde. Mais dans la classe des lettrés, des savants, des riches, où se recrutent les académies, le besoin est peu connu; l'envie de briller, de faire parler de soi l'est beaucoup plus; et Mlle de Scudéry a pu dire sans heurter personne ce qui n'a pas une vérité philosophique absolue.

100e SUJET.

Portrait de Fontenelle. — Dites que sa physionomie était heureuse; que son esprit, son caractère, son imagination, sa conversation charmaient tout le monde; louez son bon cœur, ses procédés, sa conduite, sa complaisance, la solidité de son amitié, sa modestie, sa simplicité, le calme de son âme, enfin sa bonté, qui lui faisait éviter jusqu'aux railleries les plus innocentes. Terminez en montrant quelle amitié, quelle admiration même on ressentait pour lui.

COMPOSITION.

La physionomie de M. de Fontenelle annonçait d'abord son esprit; un air du monde répandu dans toute sa personne rendait aimable jusqu'à ses moindres actions. Souvent les agréments de l'esprit en excluent les parties essentielles; le sien, unique en son genre, renfermait également tout ce qui fait aimer et respecter : la probité, la droiture, l'équité, composaient son caractère. Son imagination vive et brillante, des tours fins et délicats, et des expressions toujours heureuses en faisaient l'ornement. Son cœur fut toujours pur, ses procédés nets, et sa conduite fut une application continuelle de ses principes; exigeant peu, justifiant tout, saisissant toujours le bon, et négligeant si fort le mauvais, qu'on pouvait quelquefois douter qu'il l'eût aperçu. Difficile à acquérir, mais plus difficile à perdre; exact observateur des lois de l'amitié, l'honnête homme n'était chez lui négligé nulle part. Il avait tout ce qui peut attirer, plus encore tout ce qui peut retenir; il était en même temps propre au commerce le plus délicat et aux sciences les plus abstraites. Modeste dans ses discours et simple dans ses actions, la supériorité de son mérite se montrait d'elle-même; mais il ne la faisait jamais sentir. De telles dispositions sont bien propres à mettre le calme dans l'âme : aussi possédait-il la sienne si fort en paix, que toute la malignité de l'envie n'a jamais eu le pouvoir de l'ébranler. Il avait le rare talent de la raillerie fine et délicate, et le mérite encore plus rare de ne s'en point servir, ou, s'il l'a quelquefois employée, ce n'a été qu'à l'oreille de ses amis : aussi disait-il lui-même

qu'il ne lui était jamais arrivé de jeter le moindre ridicule sur la
plus petite vertu ; en un mot, il était du petit nombre de ceux auxquels on verrait accorder sans jalousie le privilége de l'immortalité.
(Madame de Forgeville, citée par M. de Fouchy dans son *Eloge de
Fontenelle*.)

CHAPITRE XII.
LES QUALITÉS ACCIDENTELLES DU STYLE.

---

§ 62. GAITÉ.

QUESTIONS THÉORIQUES.

1. Quand est-ce que le style est *gai*, *plaisant* ou *en-
joué ?* — Quand l'auteur expose avec légèreté, ou sous
une forme grotesque, ou avec quelque contradiction
bizarre, et quelquefois en se moquant lui-même de ce
qu'il dit, les circonstances d'une action, les détails
d'un discours ou d'un entretien.

2. Que peut-on remarquer sur la *gaîté* dans le style?
— C'est qu'elle n'appartient ni à toutes les époques, ni
à tous les idiomes : ce qu'il y a de certain, c'est qu'elle
est, en quelque sorte, innée dans la langue française.

3. Où peut-on trouver des modèles de ce style plaisant? — On les trouvera dans Molière et tous nos comiques, dans Boileau et quelques-uns de nos satiri-
ques, dans La Fontaine, dans madame de Sévigné et
plusieurs de nos épistolaires.

4. Ce caractère du style français n'a-t-il pas produit
quelque chose d'assez remarquable? — Ce caractère a
été porté à un tel degré de perfection, il est devenu si
commun chez nous, qu'à la fin du siècle dernier des

souverains étrangers ont pensionné des hommes de lettres habitant Paris, et chargés de les tenir au courant,
dans une correspondance régulière, de tout ce qui se
faisait de curieux dans la capitale.

5. Qu'est-ce que le style *bouffon?* — C'est sinon
l'excès, au moins l'extrême limite du style gai. C'est
celui où l'on admet les grosses plaisanteries, les réponses les plus folles et les plus propres à faire rire;
quelquefois même des détails triviaux, mais qui, enfin,
ne sont pas absolument blâmables, parce qu'ils sont
dans la nature.

6. Qu'est-ce que le style *burlesque?* — C'est une
autre nuance du style gai ou plaisant; mais c'en est la
plus mauvaise espèce : car c'est le plaisant sans aucun
choix, et où l'auteur accumule, sans les distinguer, le
bon et le mauvais, et plus souvent le mauvais que le
bon.

7. Marmontel n'a-t-il pas loué ce style? — Oui;
mais il est obligé d'avouer que « ce comique qui naît du
contraste du langage et de la personne, a souvent le
défaut d'être grossier et bas. » Encore c'est le moindre
reproche qu'on puisse faire à Scarron et à tous ceux
qui ont écrit dans ce style. Le vice irrémédiable de leurs
vers et de tous les vers semblables, c'est de ne dire que
des choses qui n'ont aucun intérêt, d'être semés de
chevilles insupportables, d'être souvent écrits en un détestable jargon.

EXERCICES.

101e SUJET.

Les deux dernières séances publiques de l'Académie française se sont fait aussi remarquer par une sorte de scandale
dont il n'y avait pas encore eu d'exemple. Le jour de la récep-

tion de l'abbé Maury, M. Gaillard a commencé la lecture d'un morceau sur Démosthène. Il faut convenir que ce morceau était plus fait pour être lu dans un collége qu'à l'Académie. L'auteur y rapportait avec une sorte d'emphase des faits connus de tout écolier de troisième, et malheureusement son débit ajoutait beaucoup au ridicule de la composition : il avait un peu le ton d'un régent dans sa classe. Cela n'a pas duré longtemps ; il n'avait pas lu deux pages, que les murmures, les risées, les huées en vinrent au point de l'interrompre absolument. Il se trouva mal ; on fut obligé de le conduire hors de la salle et on leva la séance.

Cette scène très-désagréable donna lieu à beaucoup de réflexions qui, malheureusement, venaient un peu tard. On observa que le public que l'Académie invite volontairement à ses assemblées ne doit y porter ni les mêmes droits, ni les mêmes dispositions qu'au spectacle, où il paye en entrant la liberté de manifester toutes ses impressions ; qu'à l'Académie les gens de lettres sont chez eux, et qu'il est contre les bienséances sociales, quand on a été invité dans une maison, d'en insulter les maîtres, comme il serait indécent de siffler à un spectacle de société. Tout cela est très-vrai ; mais il fallait se souvenir aussi que quand on a laissé le public en possession de témoigner son plaisir par des battements de mains, on ne l'empêche pas aisément de marquer aussi son mécontentement par des murmures : l'un est la suite de l'autre, et rien n'est si voisin des applaudissements que les sifflets. Il aurait donc fallu originairement ne pas laisser introduire à l'Académie l'usage d'applaudir comme au spectacle, et s'en tenir au gros bon sens de l'abbé d'Olivet, qui disait fort bien : *Messieurs, à la comédie on bat des mains ; à l'Académie on écoute.* Mais aujourd'hui que le public est dans l'usage d'applaudir partout, même chez le roi, il serait d'autant plus difficile de lui ôter cette liberté, que c'est la seule dont il jouisse. Il est sous ce seul rapport le maître partout où il est ; sa force est en raison de sa masse, et vouloir qu'il n'en abuse jamais, c'est demander aux hommes plus qu'on ne doit en attendre. (La Harpe, *Correspondance littéraire.*)

ANALYSE.

Montrez en quoi consiste la **gaîté** de cette narration et des réflexions qui l'accompagnent.

Cette gaîté vient en grande partie de la légèreté dans la manière de

7.

dire, opposée à la gravité des choses. L'accident de M. Gaillard, son mauvais goût qui lui fait choisir un sujet ennuyeux pour le public, la mauvaise tenue de ce public, et les réflexions que l'on fait un peu tard sur l'inconvénient des applaudissements, tout cela est exposé avec un ton moitié sérieux, moitié moqueur, qui rend plus plaisante que triste la déconvenue de l'orateur et de l'Académie.

102° SUJET.

Racontez qu'un peu après l'invention des ballons, un homme annonça qu'il traverserait la Seine à pied sec, sur des sabots élastiques; représentez l'attente générale, les souscriptions ouvertes, etc.; dites que cependant cet homme vint déclarer au ministre que ce n'était qu'une plaisanterie et le résultat d'une gageure; et que le roi, à qui M. de Breteuil le confia, ne fit qu'en rire.

COMPOSITION.

Dans un moment où le succès des expériences aérostatiques a fait croire tout possible, un particulier s'est diverti de la crédulité publique, et a fait imprimer qu'il passerait la Seine à pied sec, en présence de tout Paris, sur des sabots élastiques : sa lettre était datée de Lyon, et il demandait deux cents louis pour son voyage. On a ouvert une souscription; Versailles a donné l'exemple, et la somme allait être remplie. La ville avait déjà ordonné de construire un emplacement pour les spectateurs, lorsque l'homme aux sabots est venu déclarer au ministre de Paris que ce n'était qu'une plaisanterie occasionnée par une gageure qui lui faisait gagner cent louis, attendu qu'il avait parié que tout Paris serait la dupe de sa proposition. M. de Breteuil en a rendu compte au roi, qui n'a fait qu'en rire, et d'autant plus volontiers qu'il s'était toujours moqué de l'entreprise, et avait toujours refusé d'y croire. On dit que l'argent des souscriptions sera employé en œuvres de charité. (La Harpe, *Correspondance littéraire.*)

---

§ 65. FINESSE.

QUESTIONS THÉORIQUES.

1. Qu'est-ce que le style *fin?* — C'est celui dans lequel on multiplie les pointes, les antithèses, les rapprochements, l'abus des termes, les sous-entendus, les demi-mots, les insinuations, les épigrammes, etc.

2. Le style fin est-il toujours louable? — Non, le style fin n'est pas toujours un bon style : car il exige, pour être compris, une contention d'esprit qui devient promptement fatigante.

3. L'auteur tombe-t-il toujours dans cet excès? — Non : quand les pensées sont naturelles, que les traits ne viennent qu'à leur place et sans prétention, ce style est très-agréable, et le lecteur sait bon gré à l'écrivain de lui offrir des pensées assez délicates pour n'être pas comprises de tout le monde.

4. Donnez-en un exemple. — Madame de Sévigné écrit à sa fille : « Il n'y a pas un mot dans vos lettres qui ne me soit cher : je n'ose *les lire*, de peur de *les avoir lues*. »

5. En quoi consiste la finesse de cette expression?— Elle consiste dans la différence entre le présent *lire* et le passé *avoir lu*. Comme pour madame de Sévigné *lire* ces lettres est un plaisir actuel, les *avoir lues* n'est qu'un plaisir passé qui ne saurait avoir la même vivacité ; elle exprime fort agréablement la nuance qu'elle trouve entre les deux.

6. Ne peut-on pas tomber dans l'affectation? — Oui, c'est le défaut de plusieurs auteurs connus par quelques ouvrages ingénieux. Ces ouvrages sont tous écrits dans ce style rempli d'une *finesse affectée*, ce qui devient un grand défaut.

7. Comment qualifie-t-on quelquefois ce style? — On l'appelle quelquefois style *pointu*, et ce mot ne se prend qu'en mauvaise part.

8. D'où vient, en grande partie, le style fin chez nous? — Une des sources les plus fécondes du style fin, ce sont, sans contredit, les rapports ambigus ou les équivoques qui résultent de la position des mots.

9. Donnez un exemple. — Un jour, Rivarol ren-

contra Florian, qui marchait devant lui avec un ma-
nuscrit qui sortait de sa poche ; il l'aborda, et lui dit :
« Ah ! monsieur, si l'on ne vous *connaissait* pas, on
vous volerait. »

10. Expliquez la finesse de ce mot. — L'équivoque
tombe ici sur le mot *connaître*, qui signifie dans le
monde avoir familiarité ou amitié avec quelqu'un. Dans
ce sens, le mot de Rivarol est une politesse banale : On
vous prendrait vos manuscrits, si l'on n'était pas de vos
amis. Mais *connaître*, dans son sens propre, signifie
autre chose : connaître un auteur, c'est le juger, l'apprécier. Dans ce dernier sens, la phrase de Rivarol
veut dire que les manuscrits de Florian ne valent pas la
peine qu'on les prenne. On ne peut rien dire de plus piquant à un auteur.

EXERCICES.

103e SUJET.

On veut trop éblouir et surprendre : on veut avoir plus d'esprit que son lecteur, et le lui faire sentir, pour lui enlever son
admiration ; au lieu qu'il faudrait n'en avoir jamais plus que
lui, et lui en donner même sans paraître en avoir. On ne se
contente pas de la simple raison, des grâces naïves, du sentiment le plus vif, qui font la perfection réelle ; on va un peu au
delà du but par amour-propre. On ne sait pas être sobre dans la
recherche du beau : on ignore l'art de s'arrêter tout court en
deçà des ornements ambitieux. « Le mieux auquel on aspire fait
qu'on gâte le bien, » dit un proverbe italien. On tombe dans
le défaut de répandre un peu trop de sel, et de vouloir donner
un goût trop relevé à ce qu'on assaisonne ; on fait comme ceux
qui chargent une étoffe de trop de broderies. Le goût exquis
craint le trop en tout, sans en excepter l'esprit même. L'esprit
lasse beaucoup, dès qu'on l'affecte et qu'on le prodigue. C'est
en avoir de reste, que d'en savoir retrancher, pour s'accommo-
der à celui de la multitude, et pour lui aplanir le chemin. Les

poëtes qui ont le plus d'essor, de génie, d'étendue de pensées et de fécondité, sont ceux qui doivent le plus craindre cet écueil de l'excès d'esprit. C'est, dira-t-on, un beau défaut; c'est un défaut rare; c'est un défaut merveilleux. J'en conviens; mais c'est un vrai défaut, et l'un des plus difficiles à corriger. (Fénelon, *Lettre sur les occupations de l'Académie française.*)

ANALYSE.

Montrez tout ce qu'il y a dans ce morceau qui en fait la finesse.

On peut dire que toutes les phrases sont pleines de vérités fines et délicates à la fois; tout le monde d'ailleurs remarque ces pensées et ces expressions si naturelles et si justes : *avoir plus d'esprit que son lecteur, et le lui faire sentir ; enlever son admiration, au lieu de lui en donner sans paraître en avoir ; ne pas se contenter de.... la perfection réelle : être sobre dans la recherche du beau ; l'art de s'arrêter ; le mieux qui gâte le bien.* Toutes ces phrases, particulièrement les dernières, peuvent être examinées ainsi avec soin; on trouvera partout sous une forme ingénieuse et piquante les jugements les plus nets et les plus exacts ; c'est un modèle de style fin.

104e SUJET.

Attraits, appas, charmes. — Outre l'idée générale qui rend ces mots synonymes, il leur est encore commun de n'avoir point de singulier dans le sens dans lequel ils sont pris ici, c'est-à-dire lorsqu'ils sont employés pour marquer le pouvoir qu'a sur le cœur la beauté, l'agrément et tout ce qui plaît. (Girard, *Synonymes français.*)

ANALYSE CRITIQUE.

Examinez et appréciez ce passage.

Ce style, trop fréquent dans le *Dictionnaire des synonymes de Girard*, n'est au fond qu'un galimatias prétentieux. La première phrase n'est pas claire, il eût fallu indiquer quelle est cette idée générale ; c'est celle *d'agrément* ou de *plaisir.* Il eût fallu surtout changer le mot *générale ;* car c'est une idée *commune* à plusieurs objets, et non pas une idée *générale* qui rend leurs noms synonymes.

La seconde proposition est bien ténébreuse : *il leur est commun de n'avoir point de singulier dans le sens dans lequel ils sont pris ici, c'est-à-dire,* etc. Pourquoi ne pas dire tout simplement que ces trois mots n'ont pas de singulier dans ce sens? ce serait bien plus court, et certainement plus facilement compris.

La fin de cette période, placée là pour expliquer le reste, n'a pas non plus la simplicité désirable ; la construction en est fort peu naturelle, et *le pouvoir qu'a sur le cœur l'agrément et tout ce qui plaît* est loin de briller par la clarté.

---

§ 64. ÉNERGIE.

QUESTIONS THÉORIQUES.

1. Qu'est-ce que le style *simplement sublime,* ou style *sublime* proprement dit ? — Ce style est celui où les pensées les plus grandes sont exprimées par des mots très-simples.

2. A quoi servent ces mots très-simples? — Leur seul effet est alors de bien faire comprendre le sens, celui-ci étant toujours au-dessus de toutes les figures possibles et de tous les embellissements du langage.

3. Donnez un exemple. — Dans la tragédie d'*Horace*, ce vieux Romain, sans s'amuser à pleurer la perte de ses deux fils morts si glorieusement, ne s'afflige que de la fuite honteuse du dernier ; et leur sœur, qui était là présente, lui ayant dit :

Que vouliez-vous qu'il fît contre trois?

il répond brusquement :

Qu'il mourût.

4. Expliquez le mérite de cette réponse. —Voilà des termes fort simples ; cependant il n'y a personne qui ne sente la grandeur qu'il y a dans ces trois syllabes : *qu'il mourût;* sentiment d'autant plus sublime qu'il est simple et naturel, et que par là on voit que ce héros parle du fond du cœur, et dans les transports d'une colère vraiment romaine.

5. A quoi peut-on rapporter le *laconisme?* — On peut le rapporter au style énergique.

6. Que signifie ce mot ? — Ce mot vient du nom des Lacédémoniens, qui s'appelaient en grec *Lacônes*. Ce peuple affectait un langage bref, animé, sentencieux, tranchant, auquel sa brièveté même donnait une grande énergie ; c'est ce qu'on a appelé le *laconisme*.

7. A quoi peut-on appliquer le mot *laconisme* et son adjectif *laconique?* — Ces mots ne peuvent guère s'appliquer qu'à des réponses ou à des lettres, c'est-à-dire à des ouvrages de très-petites dimensions : une lettre *laconique*, une réponse *laconique*.

8. Cette extrême brièveté est-elle à éviter? — Oui : l'excessive brièveté est un grand défaut dans le style, dès que les sous-entendus ne sont pas aisés à suppléer.

9. Donnez un exemple de ce défaut. — Voici les premiers vers de la *Messénienne* de C. Delavigne, inintitulée *Trois jours de Christophe Colomb :*

En Europe, en Europe! — Espérez. — Plus d'espoir.
— Trois jours, leur dit Colomb, et je vous donne un monde.

10. Expliquez l'obscurité de ces deux vers. — Pour comprendre ce premier vers, il faut deviner que c'est l'équipage qui crie : *En Europe !* que Colomb lui dit d'espérer, et que les matelots répondent qu'ils n'ont plus d'espoir. Or, il est impossible de s'en douter tant qu'on n'a pas lu le second vers, puisque c'est là seulement que Colomb est nommé.

EXERCICES.

105e SUJET.

Voyez ces plages désertes, ces tristes contrées où l'homme n'a jamais résidé : couvertes ou plutôt hérissées de bois épais et noirs dans toutes les parties élevées ; des arbres sans écorce et sans cime, courbés, rompus, tombant de vétusté ; d'autres en plus grand nombre, gisant au pied des premiers, pour pourrir sur des monceaux déjà pourris, étouffent, ensevelissent les germes prêts à éclore. La nature, qui partout ailleurs brille par sa jeunesse, paraît ici dans la décrépitude ; la terre, surchargée par le poids, surmontée par les débris de ses productions, n'offre, au lieu d'une verdure florissante, qu'un espace encombré, traversé de vieux arbres chargés de plantes parasites, de lichens, d'agarics, fruits impurs de la corruption : dans toutes les parties basses, des eaux mortes et croupissantes, faute d'être conduites et dirigées ; des terrains fangeux, qui, n'étant ni solides ni liquides, sont inabordables, et demeurent également inutiles aux habitants de la terre et des eaux ; des marécages qui, couverts de plantes aquatiques et fétides, ne nourrissent que des insectes venimeux et servent de repaire aux animaux immondes. Entre ces marais infects qui occupent les lieux bas, et les forêts décrépites qui couvrent les terres élevées, s'étendent des espèces de landes, des savanes qui n'ont rien de commun avec nos prairies ; les mauvaises herbes y surmontent, y étouffent les bonnes ; ce n'est point ce gazon fin qui semble faire le duvet de la terre, ce n'est point cette pelouse émaillée qui annonce sa brillante fécondité : ce sont des végétaux agrestes, des herbes dures, épineuses, entrelacées les unes dans les autres, qui semblent moins tenir à la terre qu'elles ne tiennent entre elles, et qui, se desséchant et repoussant successivement les unes sur les autres, forment une bourre grossière, épaisse de plusieurs pieds. Nulle route, nulle communication, nul vestige d'intelligence dans ces lieux sauvages. (Buffon, *Histoire naturelle.*)

ANALYSE.

Montrez en quoi consiste l'énergie de ce style.

Elle consiste surtout dans l'accumulation des détails, la vérité des observations et la simplicité des expressions réservées à chacune d'elles. Ce morceau, lu dans son ensemble, paraît plein de magnificence. C'est l'illusion d'un style très-beau. A l'examiner en détail, on voit que tout y est, au contraire, simple et sans prétention. C'est la force même de la pensée qui nous fait croire à l'élévation du style.

106° SUJET.

Reprochez énergiquement aux riches égoïstes leur dureté à l'égard des pauvres, en montrant qu'ils ont dans le cœur des pauvres affamés et insatiables, savoir, leurs propres passions, qui les empêchent d'écouter les plaintes des véritables indigents.

COMPOSITION.

Je ne m'étonne pas de votre dureté; d'autres pauvres plus pressants et plus affamés ont gagné les avenues les plus proches, et épuisé les libéralités à un passage plus secret : je parle de ces pauvres intérieurs qui ne cessent de murmurer, quelque soin qu'on prenne de les satisfaire, toujours avides, toujours affamés dans la profusion et dans l'excès même : je veux dire vos passions et vos convoitises. C'est en vain, ô pauvre Lazare, que tu gémis à la porte, ceux-ci sont déjà au cœur; ils ne s'y présentent pas, mais ils l'assiégent ; ils ne demandent pas, ils arrachent. O Dieu, quelle violence ! Représentez-vous, chrétiens, dans une sédition, une populace furieuse qui demande arrogamment, toute prête à arracher si on la refuse : ainsi dans l'âme de ce mauvais riche et de ses cruels imitateurs, où la raison a perdu l'empire, où les lois n'ont plus de vigueur, l'ambition, l'avarice, la délicatesse, toutes les autres passions, troupe mutine et emportée, font retentir de toutes parts un cri séditieux, où l'on n'entend que ces mots : *Apporte*, *apporte* : apporte toujours de l'aliment à l'avarice, du bois à cette flamme dévorante ; apporte une somptuosité plus raffinée à ce luxe curieux et délicat; apporte des plaisirs plus exquis à cet appétit dégoûté par son abondance. (Bossuet, *Sermon sur l'impénitence finale.*)

---

§ 65. PROFONDEUR.

QUESTIONS THÉORIQUES.

1. Qu'est-ce que le style *profond* ou remarquable par la *profondeur?* — C'est celui dans lequel l'auteur exprime très-simplement des pensées profondément vraies.

2. La profondeur dans le style est-elle très-saillante? — Non : cette qualité est ordinairement peu apparente ; elle demande d'autant plus de réflexion de la part du

lecteur, qu'elle consiste souvent en une phrase, et même en un mot.

3. Donnez-en un exemple. — Voltaire, après avoir exposé en quelques lignes les vrais principes de la physique d'Aristote, ajoute : « La physique est une mine dans laquelle on ne peut descendre qu'avec des machines que les anciens n'ont jamais connues. Ils sont restés sur le bord de l'abîme et ont raisonné sur ce qu'il contenait sans le voir. »

4. N'y a-t-il que le style très-simple qui convienne à la profondeur ? — La profondeur peut se trouver aussi dans un style plus élevé, plus imagé, plus grandiose que celui que je viens de citer.

5. Donnez-en un exemple. — Ces lignes de Chateaubriand, sur l'oubli où était tombée l'exécution de Charles Ier, montrent bien le néant de nos grandeurs : « J'aperçus une statue qui indiquait du doigt un lieu fameux par un sacrifice. Je fus frappé du silence de ces lieux. Le vent seul gémissait autour du marbre tragique ; des manœuvres étaient couchés avec indifférence au pied de la statue, ou taillaient des pierres en sifflant. Je leur demandai ce que signifiait ce monument : les uns purent à peine me le dire, les autres ignoraient la catastrophe qu'il retraçait. Rien ne m'a plus donné la juste mesure des événements de la vie et du peu que nous sommes. Que sont devenus ces personnages qui firent tant de bruit ? Le temps a fait un pas, et la face de la terre a été renouvelée. »

6. Que produit quelquefois la prétention à la profondeur du style ? — Elle produit souvent le *galimatias*.

7. Ne produit-elle pas encore un autre défaut que le galimatias ? — La prétention à la profondeur produit aussi fort souvent la *pédanterie* du style ; c'est ainsi qu'on appelle avec raison des sornettes débitées grave-

ment, et un bavardage aussi vide qu'il veut être majestueux.

EXERCICES.

107e SUJET.

Enfin, après tout, arrive la mort, qui, foulant aux pieds l'arrogance humaine et abattant sans ressource toutes nos grandeurs imaginaires, égale pour jamais toutes les conditions différentes par lesquelles les ambitieux croyaient s'être mis au-dessus des autres ; de sorte qu'il y a beaucoup de raisons de nous comparer à des eaux courantes, comme fait l'Écriture sainte. Car de même que, quelque inégalité qui paraisse dans le cours des rivières qui arrosent la surface de la terre, elles ont toutes cela de commun qu'elles viennent d'une petite origine ; que, dans le progrès de leur course, elles roulent leurs flots en bas par une chute continuelle, et qu'elles vont enfin perdre leurs noms avec leurs eaux dans le sein immense de l'Océan, où l'on ne distingue point le Rhin, ni le Danube, ni ces autres fleuves renommés, d'avec les rivières les plus inconnues : ainsi tous les hommes commencent par les mêmes infirmités ; dans le progrès de leur âge, les années se poussent les unes les autres, comme des flots ; leur vie roule et descend sans cesse à la mort par sa pesanteur naturelle ; et enfin, après avoir fait, ainsi que les fleuves, un peu plus de bruit les uns que les autres ils vont tous se confondre dans ce gouffre infini du néant, où l'on ne trouve plus ni rois, ni princes, ni capitaines, ni tous ces autres augustes noms qui nous séparent les uns des autres ; mais la corruption et les vers, la cendre et la pourriture, qui nous égalent. (Bossuet, *Oraison funèbre de Henri de Gornay.*)

ANALYSE.

En quoi consiste la profondeur de ce morceau ?

Elle consiste dans l'assimilation de la vie aux eaux courantes des fleuves et des rivières, et de la mort à la mer ; et surtout, car cette même comparaison pourrait être superficielle et fausse à d'autres égards, dans les points que l'orateur met lui-même en relief, et qui montrent tous le néant de la vie quand on la considère comme finissant entièrement en ce monde.

108e SUJET.

C'est là [1], en effet, que toute l'antiquité se trouve ; là chaque homme paraît tour à tour, avec son génie ou les vertus qui
ont influé sur le sort des peuples. Naissance, éducation, mœurs ;
principes ou qui tiennent au caractère ou qui le combattent ;
concours de plusieurs grands hommes qui se développent en se
choquant ; grands hommes isolés, et qui semblent jetés hors des
routes de la nature dans des temps de faiblesse et de langueur ;
lutte d'un grand caractère contre les mœurs avilies d'un peuple
qui tombe ; développement rapide d'un peuple naissant, à qui
un homme de génie imprime sa force ; mouvement donné à des
nations par les lois, par les conquêtes, par l'éloquence ; grandes
vertus toujours plus rares que les talents : les unes impétueuses
et fortes, les autres calmes et raisonnées ; desseins tantôt conçus profondément et mûris par les années, tantôt inspirés,
conçus, exécutés presque à la fois, et avec cette vigueur qui
renverse tout, parce qu'elle ne donne le temps de rien prévoir ;
enfin des vies éclatantes, des morts illustres et presque toujours
violentes ; car, par une loi inévitable, l'action de ces hommes
qui remuent tout, produit une résistance égale dans ce qui les
entoure ; ils pèsent sur l'univers et l'univers sur eux ; et derrière la gloire est presque toujours caché l'exil, le fer ou le
poison. Tel est à peu près le tableau que nous offre Plutarque.
(Thomas, *Essai sur les éloges*, ch. 9.)

ANALYSE CRITIQUE.

Examinez et jugez ce style.

Il est plein de cette prétention à la profondeur qui n'est que de la
pédanterie ; la forme, d'abord, en est fort mauvaise. Cette énumération de ce qu'on trouve dans Plutarque, en une seule phrase qui n'a
pas moins de quatorze incises (séparées ici par des points et virgules),
nous donne l'exemple d'une construction qu'on a peine à suivre et
dont il ne reste aucune idée nette.

Ajoutez que les incises sont très-inégales, non-seulement par leur
longueur, mais par leur composition même : quelques-unes, comme
naissance, éducation, mœurs, ne sont que des mots isolés ; d'autres,
comme celle qui suit *principes ou qui tiennent*, etc., sont au contraire des phrases enchevêtrées, et composées elles-mêmes de plusieurs autres ; et de là résulte pour le lecteur l'impossibilité de suivre

_____

1. Dans les *Vies des hommes illustres* de Plutarque.

et de classer dans sa tête tous ces détails, présentés sans symétrie comme sans ordre.

C'est surtout par la recherche des détails insignifiants, par la puérilité des pensées, quelquefois par leur absence totale et l'incompréhensibilité du texte, que ce passage est blâmable, qu'il dégénère même en galimatias. Toute cette énumération se résume, en effet, dans la dernière phrase : *tel est à peu près le tableau que nous offre Plutarque.* Comment avec cette phrase concilier celle-ci : *principes ou qui tiennent au caractère ou qui le combattent?* Comment ces principes font-ils partie d'un *tableau?* D'ailleurs, qu'est-ce que c'est que des *principes* qui *combattent un caractère* ou qui y *tiennent?* Est-ce la peine d'énumérer de telles choses?

Concours de plusieurs grands hommes.... ou grands hommes isolés.... Cette alternative n'a pas plus de valeur que ce qui précède : il faut bien que les grands hommes soient seuls ou qu'ils soient plusieurs; et c'est à cela que se réduit la pensée de Thomas. Ce qu'il y a ajouté, que les uns se développent en se choquant, que les autres semblent jetés hors des routes de la nature, n'est là que pour allonger et faire ronfler la période, et, au fond, ne signifie rien.

On peut continuer cet examen sur les incises suivantes, on verra qu'elles ne contiennent, sous une forme très-ambitieuse, que les pensées les plus communes ou les plus puériles, et que l'énumération tout entière est aussi vide qu'elle est longue et embarrassée.

----

§ 66. RICHESSE.

QUESTIONS THÉORIQUES.

1. Qu'est-ce que le style *riche*, nommé plus souvent style *orné?* — C'est celui dans lequel on réunit en grande quantité les ornements et les figures brillantes ou agréables.

2. Comment les anciens appelaient-ils ce style? — Ils le nommaient *tempéré* ou *moyen.*

3. Sur quoi ces mauvaises dénominations étaient-elles fondées? — Sur ce que le style sublime ou magnifique et le style simple étant regardés à tort comme des extrêmes dans la série des styles, le style orné était supposé tenir entre eux une espèce de milieu.

4. Donnez un exemple de style orné. — On peut citer plusieurs passages du *Télémaque*, et le commencement des *Aventures d'Aristonoüs*, par Fénelon.

5. Qu'est-ce que le style *fleuri* ? — C'est, selon Voltaire, un discours rempli de pensées plus agréables que fortes, d'images plus brillantes que sublimes, de termes plus recherchés qu'énergiques. Cette métaphore est justement prise des fleurs, qui ont de l'éclat sans solidité.

6. Le style *doux* diffère-t-il du style fleuri ? — Voltaire croit que le style fleuri ne doit pas être confondu avec le style doux ; évidemment, ce ne sont que des nuances du style orné, entre lesquelles il est bien difficile de fixer une limite.

7. Qu'est-ce que le style *abondant* ou l'*abondance* du style ? — C'est encore le style orné, mais considéré quant à la quantité des images qu'on y accumule pour exprimer sa pensée.

8. Qu'est-ce que la *redondance* ? — C'est l'excès de l'abondance du style. Il y a des écrivains qui ne croient jamais avoir dit suffisamment ce qu'ils voulaient dire : ils reproduisent la même pensée sous plusieurs formes. Comme cette abondance revient sans cesse et toujours, on s'en fatigue, on en éprouve bientôt de l'ennui et du dégoût : c'est la *redondance*.

9. Qu'est-ce que la *pauvreté* ? — C'est le vice opposé à l'abondance ; il a beaucoup de ressemblance avec une brièveté excessive : les pensées sont exprimées d'une manière insuffisante, et ne font alors, quoique bien comprises, qu'un effet médiocre sur notre imagination.

EXERCICES.

109e SUJET.

Le cortége d'Amphitrite. — Des dauphins, couverts d'une écaille qui paraissait d'or et d'azur, soulevaient, en se jouant, les flots avec beaucoup d'écume. Après eux venaient des Tritons qui sonnaient de la trompette avec leurs conques recourbées; ils environnaient le char d'Amphitrite, traîné par des chevaux marins plus blancs que la neige, et qui, fendant l'onde salée, laissaient loin derrière eux un vaste sillon dans la mer. Leurs yeux étaient enflammés, et leurs bouches étaient fumantes. Le char de la déesse était une conque d'une merveilleuse figure; elle était d'une blancheur plus éclatante que l'ivoire, et les roues étaient d'or. Ce char semblait voler sur la face des eaux paisibles. Une troupe de Nymphes, couronnées de fleurs, nageaient en foule derrière le char; leurs beaux cheveux pendaient sur leurs épaules, et flottaient au gré du vent. La déesse tenait d'une main un sceptre d'or, pour commander aux vagues; de l'autre, elle portait sur ses genoux le petit dieu Palémon, son fils, pendant à sa mamelle. Elle avait un visage serein et une douce majesté qui faisait fuir les Vents séditieux et toutes les noires Tempêtes. Les Tritons conduisaient les chevaux et tenaient les rênes dorées. Une grande voile de pourpre flottait dans l'air au-dessus du char; elle était à demi enflée par le souffle d'une multitude de petits Zéphyrs, qui s'efforçaient de la pousser par leurs haleines. On voyait au milieu des airs Éole, empressé, inquiet et ardent. Son visage ridé et chagrin, sa voix menaçante, ses sourcils épais et pendants, ses yeux pleins d'un feu sombre et austère, tenaient en silence les fiers Aquilons et repoussaient tous les nuages. Les immenses baleines et tous les monstres marins, faisant avec leurs narines un flux et reflux de l'onde amère, sortaient à la hâte de leurs grottes profondes, pour voir passer la déesse. (Fénelon, *Télémaque*, liv. IV.)

ANALYSE.

Quel est le style de cette description?

C'est le style riche ou orné. Tout le monde voit avec quel soin Fénelon a réuni ici toutes les circonstances qui peuvent concourir à former un tableau gracieux. Les dauphins, les Tritons, les Nymphes, le char d'Amphitrite, les attributs de cette déesse de la mer, les zéphyrs qui enflent la voile, et l'opposition d'Éole, qui retient les aquilons et repousse les nuages, tout cela forme une image très-agréable à laquelle il n'est pas permis de rester insensible. Peut-être même y aurait-il à reprocher à l'illustre auteur quelque excès dans sa peinture, quelques circonstances contradictoires ou impossibles. *Beaucoup d'écume* soulevée par les dauphins, en pleine mer, cela s'est-il jamais vu? Et des Nymphes dont les cheveux flottent au gré du vent lorsque presque tout le corps est dans l'eau, et que les cheveux sont nécessairement humides, est-ce convenable? N'eût-il pas mieux valu représenter ces cheveux comme noués ou retenus par un réseau, comme le sont ceux de toute femme qui se baigne? Si ces remarques sont justes, l'abondance de Fénelon toucherait en ces deux points à la *redondance*, puisqu'il aurait admis des détails qu'il eût mieux valu écarter.

110e SUJET.

Ce qui distingue essentiellement l'homme du reste des animaux, ce n'est pas le don de la parole, c'est la science de la parole. L'espèce humaine a ses muets, et plus d'un babillard qui se dit animal raisonnable jase moins bien qu'un perroquet. Mais si la nature se plut à douer comme nous des organes de la voix certains oiseaux privilégiés, l'homme seul peut dire avec orgueil: « La syntaxe m'appartient; elle est fille de la raison. » Grâce au jésuite Bougeant, les bêtes ont aussi leur âme: n'en déplaise pourtant aux amis des bêtes qui bavardent, la grammaire n'ira jamais loger dans le cervelet d'une pie. (De Guerle, *Essai sur la grammaire générale.*)

ANALYSE CRITIQUE.

Examinez et jugez le style de ce morceau.

Eu égard à l'expression même des idées, il est rempli d'ellipses qui le rendent difficile à bien comprendre. Pris dans son ensemble, c'est un style pauvre, c'est-à-dire où rien n'est expliqué suffisamment, et où la fausseté des pensées n'est pas même sauvée par l'apparence, comme on va le voir.

1°. *Ce n'est pas le don, c'est la science de la parole:* y a-t-il une différence entre ces mots? De Guerle le croit, parce qu'il entend le mot *don de la parole* comme la faculté de prononcer des syllabes à la façon d'un automate. Mais le *don de la parole* n'a jamais eu ce sens. On entend par là la faculté chez l'homme de prononcer des sons en y attachant une signification. En ce sens, le *don de la parole* entraîne toujours *la science de la parole* en un certain degré; et ainsi l'antithèse qui commence ce passage n'est qu'une pointe

puérile donnée à tort comme une raison dans un ouvrage sérieux.

2°. La phrase suivante n'est évidemment qu'une plaisanterie, une
épigramme ; ne nous y arrêtons pas.

3°. *La syntaxe nous appartient....* Ce n'est pas seulement la
syntaxe, ce n'est même pas seulement la grammaire, c'est le langage tout entier, c'est-à-dire l'expression analytique de nos pensées.
Croire qu'il n'y a dans le langage que l'arrangement des mots qui
nous distingue des animaux, c'est une erreur philosophique des
plus graves ; et il n'est pas étonnant qu'elle amène dans le style
cette pauvreté qui résultera toujours des idées mal conçues ou mal
digérées.

4°. *Grâce au jésuite Bougeant....* Cette allusion à l'ouvrage aujourd'hui peu connu du Père Bougeant n'est pas très-claire. Elle
est d'ailleurs fort déplacée, puisque cet ouvrage n'avait pas du tout
pour objet l'intelligence des bêtes par comparaison avec celle de
l'homme, mais l'explication d'une difficulté morale faite par quelques philosophes. Il manque donc encore ici des détails nécessaires,
et c'est une des causes de la pauvreté de ce style.

5°. *Les amis des bêtes qui bavardent....* Ce n'est là qu'une épigramme sur laquelle nous passons bien vite.

6°. *Jamais la grammaire n'ira se loger dans le cervelet d'une
pie...* Même observation que tout à l'heure. Ce n'est pas seulement la grammaire, c'est notre langage que la pie n'est pas apte à
recevoir.

Ainsi, partout l'auteur est à côté du vrai sens : il ne pourrait exprimer exactement ses idées ou au moins les idées vraies qu'il veut
signifier qu'avec des développements qui manquent tout à fait dans
son texte, et dont l'absence en constitue le vice radical.

---

§ 67. MAGNIFICENCE.

QUESTIONS THÉORIQUES.

1. Qu'est-ce que le style vulgairement nommé *sublime ?* — Ce style, qu'il vaudrait beaucoup mieux appeler style *pompeux* ou *magnifique*, est celui dans lequel on emploie les ornements les plus pompeux, les
figures les plus élevées, les descriptions les plus riches,
les périodes les plus harmonieuses.

2. Comment s'appelle la qualité de ce style ? — Elle
s'appelle la *magnificence* ou la *pompe*, le *grandiose*.

8

3. Donnez un exemple de ce style magnifique. — L'exorde de l'*Oraison funèbre de la reine d'Angleterre,* par Bossuet : « Celui qui règne dans les cieux, et de qui relèvent tous les empires, à qui seul appartient la gloire, la majesté et l'indépendance, est aussi le seul qui se glorifie de faire la loi aux rois, et de leur donner, quand il lui plaît, de grandes et terribles leçons. »

4. Que produit l'exagération ou l'affectation déplacée du style pompeux ? — Elle produit le style *enflé* ou *boursouflé,* le *phébus,* le *pathos.*

5. Qu'est-ce que le style *enflé ?* — Ce style n'a pas besoin d'être défini ; c'est le terme générique par lequel on désigne la pompe excessive ou déplacée du langage ; on l'appelle aussi style *emphatique,* style *ampoulé.*

6. Qu'est-ce que le *phébus ?* — C'est une variété du style enflé. Ce vice consiste à exprimer avec des termes trop figurés et trop recherchés ce qui doit être dit plus simplement et avec moins d'apprêt.

7. En quoi diffère-t-il de l'amphigouri ? — Il diffère de l'amphigouri en ce que l'on n'a pas envie de tromper, mais seulement d'éblouir son auditeur, et que celui qui parle *phébus* signifie toujours quelque chose, quoiqu'il exprime sa pensée sous une forme qui n'a rien de naturel.

8. D'où vient ce nom de *phébus ?* — Il est probable que l'affectation déplacée des formes poétiques a fait donner au style où elles abondaient le nom du dieu des vers.

9. Qu'est-ce que le *pathos ?* — C'est une autre variété du style enflé. *Pathos* est un mot grec qui signifie *passion,* de sorte que chez les anciens il exprimait la partie de la rhétorique qui traitait des passions et les morceaux d'éloquence qui les excitaient ; c'est ce que

nous appelons le *pathétique*. Chez nous, *pathos* se prend toujours en mauvaise part, ou, en général, pour le style enflé, ou, d'une manière plus spéciale, pour l'expression exagérée, déplacée ou prétentieuse des passions.

10. Ne prend-on pas aussi ce mot dans un sens un peu différent ? — Par une extension bien naturelle, on appelle *pathos* tout galimatias prétendu passionné, surtout quand il est du grand style. C'est même là le sens le plus ordinaire de ce mot, qui alors emporte toujours avec lui l'idée de l'emphase et de la froideur.

EXERCICES.

111ᵉ SUJET.

Assistons en esprit au dernier jour ; et du marchepied de ce tribunal devant lequel nous comparaîtrons, contemplons les choses humaines. Dans cette crainte, dans cette épouvante, dans ce silence universel de toute la nature, avec quelle dérision sera entendu le raisonnement des impies, qui s'affermissent dans le crime en voyant d'autres crimes impunis ! Euxmêmes, au contraire, s'étonneront comment ils ne voyaient pas que cette publique impunité les avertissait hautement de l'extrême rigueur de ce dernier jour. Oui, j'atteste le Dieu vivant qui donne dans tous les siècles des marques de sa vengeance, les châtiments exemplaires qu'il exerce sur quelquesuns ne me semblent pas si terribles que l'impunité de tous les autres. S'il punissait ici tous les criminels, je croirais toute sa justice épuisée, et je ne vivrais pas en attente d'un discernement plus redoutable. Maintenant, sa douceur même et sa patience ne me permettent pas de douter qu'il ne faille attendre un grand changement. Non, les choses ne sont pas encore en un plan fixe ; elles n'ont pas encore leur point arrêté. Lazare souffre encore, quoique innocent ; le mauvais riche, quoique coupable, jouit encore de quelque repos : ainsi, ni la peine, ni le repos ne sont pas encore où ils doivent être ; cet état est violent, et ne peut pas durer toujours. Ne vous y fiez pas, ô hommes du monde ! il faut que les choses changent : « Mon fils, dit Abraham, tu as reçu des biens en ta vie, et Lazare aussi a reçu des maux. » Ce désordre se pouvait souffrir durant des temps de mélange, où Dieu préparait un plus grand ouvrage; mais sous un Dieu bon et sous un Dieu juste, une telle confusion ne pouvait pas être éternelle. C'est pourquoi, poursuit Abraham, « maintenant que vous êtes arrivés tous deux au lieu de votre éternité, une autre disposition se va commencer; chaque chose sera en sa place; la peine ne sera plus séparée du coupable à qui elle est due, ni la consolation refusée au juste qui l'a espérée. » (Bossuet, *Sermon sur la Providence.*)

ANALYSE.

Montrez ce qu'il y a ici qui fait la magnificence de ce morceau.

C'est avant tout la grandeur des pensées. C'est aussi la forme émouvante du style, et les figures véhémentes qui y sont employées.

1°. Amplification et antithèse : *dans cette crainte.... crimes impunis.*

2°. Serment et hyperbole : *oui, j'atteste.... de tous les autres.*

3°. Insistance avec répétition : *non, les choses.... point arrêté.*

4°. Allusion touchante : *Lazare et le mauvais riche.*

5°. Apostrophe : *O homme du monde.*

6°. Application des paroles d'Abraham rapportées dans l'Évangile.

7°. Amplification et explication par insistance du sens de ces paroles.

8°. Opposition servant de conclusion à tout ce raisonnement : *la peine.... l'a espérée.*

112e SUJET.

Le théâtre allemand. — L'*Émilie Galotti* de Lessing ne vaut pas mieux que le reste. C'est le sujet de *Virginie* sous d'autres noms : un père qui, ne croyant pas pouvoir sauver autrement l'honneur de sa fille, lui plonge un poignard dans le cœur. Cette scène terrible fait frémir dans Tite-Live; elle est ridicule dans l'ouvrage allemand, et ressemble à une parodie. Le père et la fille conversent ensemble par quolibets; il faut voir le dialogue qui amène le dénoûment : « C'est à moi, mon père, qu'il faut donner ce poignard. — Ma fille, ce n'est point une épingle à cheveux. — Eh bien, une épingle à cheveux me servira de poignard.... — Si tu savais ce que c'est que ce poignard! —

Et quand je ne le saurais pas, un ami inconnu est toujours un ami. — Il n'est point fait pour ta main. — Il est vrai, c'est une épingle à cheveux qui doit me servir. » En cherchant cette épingle, elle met la main sur une rose qui est dans ses cheveux : « Quoi, tu es encore là! tu ne dois plus orner la tête d'une victime de la séduction! » Elle reproche à son père de n'avoir pas le courage de Virginius. Là-dessus il prend enfin son parti et la poignarde : « Dieux! qu'ai-je fait! — Vous avez cueilli une rose avant qu'un souffle cruel en fît tomber les feuilles.... » Le ravisseur paraît : « Père cruel, qu'avez-vous fait? — J'ai cueilli une rose avant qu'un souffle cruel en fît tomber les feuilles; n'est-ce pas, ma fille? — Ah! mon père.... » Elle expire, et il la pose doucement à terre. Certes, il est difficile de tuer sa fille avec un plus beau sang-froid. » (La Harpe, *Correspondance littéraire.*)

ANALYSE CRITIQUE.

Montrez sur ces phrases combien la critique de La Harpe est fondée.

1°. Ce poignard n'est point une *épingle à cheveux* est à la fois une niaiserie et une raillerie des plus froides.

2°. La réponse : une *épingle à cheveux me servira de poignard*, est ridicule; Émilie joue sur des mots lorsqu'elle veut mourir. Y a-t-il rien de plus déplacé et de plus froid?

3°. *Si tu savais ce que c'est que ce poignard!* Quelle bizarre exclamation! Eh! qu'importe qu'elle le sache ou ne le sache pas? le père parle pour le plaisir de parler.

4°. *Un ami inconnu est toujours un ami.* Cette pensée vraie, quand on l'applique à un de nos semblables, est fausse quand on l'entend d'un poignard. Comment peut-on l'appeler un ami inconnu, quand on sait parfaitement ce qu'il peut et doit faire?

5°. *C'est une épingle à cheveux qui doit me servir.* Nous voilà revenus à ce bizarre rapprochement de l'épingle à cheveux : mauvaise allusion qui n'est placée là évidemment que pour amener l'apostrophe à la rose.

6°. *Quoi! tu es encore là!* Cette froide apostrophe montre bien l'esprit vacillant que Lessing donne à Émilie. Elle saute d'une idée à une autre, lorsque la pensée de la mort devrait seule l'occuper.

7°. *Vous avez cueilli une rose*, etc. Il faut que la manie des formes allégoriques soit bien enracinée chez quelqu'un, pour qu'il les cherche encore au moment où il meurt

8°. *J'ai cueilli une rose....* Cette répétition ridicule met le dernier trait à un mauvais dialogue. Quoi! c'est un père qui vient de tuer sa fille, et qui n'a rien autre chose à dire au ravisseur que cette phrase détournée et glaciale ! Il est impossible de trouver quelque chose de plus niais et de plus froid.

---

§ 68. POÉSIE DU STYLE.

QUESTIONS THÉORIQUES.

1. Qu'est-ce que le style *poétique?* — C'est celui qui est propre à la poésie.

2. Que peut-on dire de ce style? — Il est, pour la plus grande partie des règles de la syntaxe, soumis aux mêmes lois que la prose; et, néanmoins, il y a une grande différence entre ces deux styles.

3. En quoi diffère-t-il de la prose? — Le style poétique diffère de la plus belle prose par les idées, par les expressions, par les épithètes, par les inversions et les figures.

4. Expliquez cela sur des exemples. — Dans *Iphigénie*, Agamemnon, réveillant Arcas, lui dit :

Oui, c'est Agamemnon, c'est ton roi qui t'éveille.

La prose dirait tout simplement : *Oui, c'est ton roi qui t'éveille;* elle ne nommerait pas le roi avant de lui donner son titre, et surtout ne ferait pas cette répétition : *c'est Agamemnon, c'est ton roi.*

5. Y a-t-il une observation pareille à faire sur les épithètes? — Oui, la poésie permet de multiplier les qualificatifs. Dans le discours d'Agamemnon, *l'humble fortune*, le *joug superbe*, *l'état obscur*, le *secret outrage*, le *puissant Atrée*, etc., nous plaisent, loin de nous causer une surprise désagréable; dans la prose, nous les rejetterions avec dégoût.

6. Qu'est-ce qui distingue surtout le style poétique

de la prose ? — Ce sont les figures multipliées sans préparation, et, en particulier, les inversions :

Les dieux à vos désirs toujours si complaisants ,

ne pourrait passer dans le discours non mesuré. On dirait : *si complaisants à vos désirs*.

7. Le style poétique est-il, chez nous, quelque chose
de bien distinct ? — Oui, quoiqu'on ne puisse pas en
donner une définition rigoureuse et réciproque. Les lecteurs exercés savent très-bien juger comme ridicule la
prose qui affecte ces formes poétiques, quelque élevé
que puisse être le sujet.

8. Qu'entend-on sous le nom de *style poétique*, lorsqu'on applique ce terme à la prose ? — On peut entendre deux choses très-différentes.

9. Quel est le premier sens? — Selon le premier
sens, c'est un discours où les idées surtout sont poétiques, en ce qu'elles frappent vivement l'imagination :
l'expression s'élève naturellement avec elles ; mais elle
reste toujours soumise aux lois générales de notre
langue.

10. Quel est le second sens? — Le second sens, auquel on applique souvent en mauvaise part le nom de
prose poétique, est celui d'un langage qui admet, recherche, et même entasse les exceptions réservées aux
poëtes, en se dispensant des difficultés des vers, et,
par conséquent, de l'harmonie. C'est moins un style
particulier que l'excès et l'abus des licences poétiques.

11. Où doit se trouver le style vraiment poétique?
— Il n'est à sa place que dans les vers. Dans la prose,
ce mot ne doit s'entendre que du sujet : ce n'est que
par une exception très-rare qu'il peut se dire de la
forme ; et, dans ce sens, c'est presque toujours un
défaut.

EXERCICES.

113ᵉ SUJET.

Félicité des bons rois dans les champs Élysées. — Les hautes montagnes de Thrace, qui, de leur front couvert de neige et de glace depuis l'origine du monde, fendent les nues, seraient renversées de leurs fondements posés au centre de la terre, que les cœurs de ces hommes justes ne pourraient pas même être émus. Seulement, ils ont pitié des misères qui accablent les hommes vivant dans le monde ; mais c'est une pitié douce et paisible qui n'altère en rien leur immuable félicité. Une jeunesse éternelle, une félicité sans fin, une gloire toute divine est peinte sur leurs visages ; mais leur joie n'a rien de folâtre ni d'indécent : c'est une joie douce, noble, pleine de majesté ; c'est un goût sublime de la vérité et de la vertu qui les transporte. Ils sont sans interruption, à chaque moment, dans le même saisissement de cœur où est une mère qui revoit son cher fils qu'elle avait cru mort ; et cette joie, qui échappe bientôt à la mère, ne s'enfuit jamais du cœur de ces hommes ; jamais elle ne languit un instant ; elle est toujours nouvelle pour eux ; ils ont le transport de l'ivresse sans en avoir le trouble et l'aveuglement. (Fénelon, *Télémaque*, liv. XIX.)

ANALYSE.

Quel est le style de ce morceau?

C'est du bon style poétique ; les idées seules sont poétiques, et l'expression s'élève avec elles, mais sans que l'auteur recoure aux inversions forcées. Il n'y en a qu'une qui est peut-être un peu forte, c'est : *les montagnes de Thrace qui de leur front.... fendent les nues....* Il semble que ce verbe placé avec son complément direct avant e complément indirect eût été plus naturel. Toute la suite est d'une prose parfaitement correcte et qui n'a rien d'extraordinaire que sa beauté même.

114ᵉ SUJET.

OEdipe aveugle parle à Antigone. — Ma fille, n'y a-t-il pas un précipice à ma droite et un rocher menaçant à ma gauche? Un torrent ne roule-t-il pas au fond de l'abîme ses ondes tumultueuses? Je l'entends gronder ! j'entends aussi la source qui était alors consacrée aux Muses, et qui, maintenant, est chère

aux Euménides. Ma fille, conduis-moi sous les deux chênes qu
prêtent à la Naïade une ombre hospitalière. Il me semble les
voir. Le ciel était en feu ce jour-là ; les branches des deux
chênes pliaient sous l'effort de la tempête ; le torrent produisait
un bruit tout semblable aux gémissements confus de mille mourants qui exhalent leurs dernières plaintes sur un champ de bataille. Pourquoi résistai-je à de si funestes présages ? pourquoi
vis-je sans terreur le rapide roi des airs, l'aigle, frappé de la
foudre, tomber à mes pieds? pourquoi refusai-je de croire à tous
les pressentiments que les dieux faisaient naître dans mon âme?
Lumière du soleil, que n'étais-je alors privé de tes bienfaits!
que n'étais-je aveugle comme à présent! (Ballanche, *Antigone*.)

ANALYSE CRITIQUE.

Quel est le style de ce morceau ?

C'est de la prose poétique dans la mauvaise acception du mot.
Indépendamment de la pauvreté des pensées, le langage y est ambitieux ; les formes poétiques y sont multipliées sans raison, et l'incohérence des idées serait à peine pardonnable dans des vers.

1°. *Un torrent roule ses ondes tumultueuses !* Qu'est-ce que des
ondes tumultueuses ? A peine ce mot serait-il souffert en poésie : et
rouler des ondes en parlant d'un torrent, quelle expression ambi-
tieuse !

2°. *Je l'entends gronder....* S'il entend ce torrent, devait-il demander à Antigone s'il y en a un.

3°. *J'entends aussi la source....* Une source ne s'entend pas. Ballanche prend ici une source pour une fontaine ou une chute d'eau.
Il y a de la différence, la source est une fontaine qui sort ou sourd
de terre ; elle ne fait aucun bruit, et surtout pour une oreille occu-
pée du bruit d'un torrent.

4°. *Ces chênes prêtent à la naïade une ombre hospitalière :* épithète poétique prise à contre-sens. L'ombre est *hospitalière* pour le
voyageur qui passe et se repose sous un arbre comme dans un hôtel.
Elle ne peut pas l'être pour la naïade (c'est-à-dire la source) placée
sous l'arbre à perpétuité. Il fallait dire : *ces chênes qui prêtent leur
ombre à la naïade*, l'expression devenait juste et la phrase de bon
goût.

5°. *Les branches des deux chênes pliaient sous l'effort de la tempête :* expression poétique employée bien mal à propos pour ne
rien dire du tout. Les branches des arbres plient au moindre vent.
Ballanche a voulu sans doute parler du tronc, c'est-à-dire de l'arbre
entier, et il a nommé les *branches*, ce qui ne signifie plus rien de
sérieux.

6°. *Le torrent produisait un bruit tout semblable aux gémisse-*

ments confus de mille mourants qui exhalent leurs dernières plaintes sur un champ de bataille. C'est là du pathos, et qui est au-dessous de toute critique. Quelle analogie peut-il y avoir entre le bruit d'un torrent et les gémissements des mourants? Et cette queue de phrase, *qui exhalent leurs dernières plaintes sur un champ de bataille*, n'est-elle pas aussi bien trouvée pour caractériser le son d'une chute d'eau?

7°. *Pourquoi résistai-je, etc.* Ces interrogations, en général, sont d'un bien pauvre effet. La seconde surtout : *pourquoi vis-je sans terreur, etc.*, est mauvaise de tout point. *Vis-je* n'est usité à la forme interrogative ni comme présent indicatif de *vivre*, ni comme prétérit de *voir*. La question : *pourquoi vis-je sans terreur* est d'ailleurs à contre-sens. Ballanche a voulu dire : *comment ai-je vu, comment ai-je pu voir sans terreur....* ce qui est bien différent de *pourquoi. Le rapide roi des airs*, *l'aigle* est une inversion pitoyable, aussi dure que peu naturelle. Elle manque surtout d'harmonie, comme on peut s'en assurer en la comparant avec la même phrase remise dans l'ordre naturel : *comment ai-je vu sans terreur l'aigle le roi rapide des airs, tomber à mes pieds frappé de la foudre?* Qui ne sent combien cette tournure est plus simple, plus satisfaisante et plus harmonieuse que l'autre?

Ainsi l'affectation des formes ou du dérèglement poétique est poussée à l'excès dans ce morceau, sans qu'il en résulte pour personne aucun avantage ; et c'est ce qui rend ce style si peu estimable.

CHAPITRE XIII.

APPLICATION DES PRÉCEPTES.

§ 69. CONSEILS GÉNÉRAUX. — MODÈLES.

QUESTIONS THÉORIQUES.

1. La théorie du style étant terminée, peut-on s'en tenir là? — Non, ce serait se tromper que de croire qu'une étude théorique peut suffire; des exercices nombreux et souvent répétés sont absolument nécessaires.

2. Quels peuvent être ces exercices? — Partout on

donne à faire aux jeunes gens des compositions sur différents sujets ; c'est un travail extrêmement utile et qu'on ne doit jamais abandonner.

3. Que doit-on recommander à cet égard ? — Il importe que les sujets soient variés ; qu'ils appellent l'emploi de tous les moyens étudiés. Toutefois, il sera bon que la plupart des matières se rapportent aux qualités accidentelles qui sont les plus ordinaires chez nous, savoir, la *gaîté*, et même la *finesse*.

4. Que recommande-t-on quant aux qualités habituelles ? — On doit y insister sans relâche. De la *clarté*, de la *précision*, de la *pureté*, du *naturel*, c'est ce qu'il faut exiger avant tout ; et, après ces qualités, l'effort des jeunes écrivains doit tendre constamment à l'*élégance*, au bon choix des termes.

5. Qu'est-ce qui peut guider l'élève en ce point ? — Les modèles sont surtout précieux, et on fera bien de lire et de faire lire aux élèves les passages des meilleurs auteurs, en insistant sur leur caractère et sur l'heureux emploi des formes qu'il s'agit d'imiter.

---

§§ 70 et 71. ÉTUDE SPÉCIALE DES MORCEAUX. — FORMES DU STYLE.

QUESTIONS THÉORIQUES.

1. Les compositions et les lectures suffisent-elles ? — Non : il importe que les jeunes gens s'habituent immédiatement à porter un jugement général et motivé sur les caractères de tel ou tel morceau, et à en faire aussi, de temps en temps, une analyse détaillée.

2. Qu'est-ce qu'on entend ici par *jugement général?* — On entend cette vue de l'esprit ou ce sentiment in-

stantané qui fait que nous sommes affectés différemment
par une forme de style et par une autre, par un discours
simple et par un discours figuré.

3. Donnez un exemple. — Si l'on compare la narration de la bataille de Rocroi, par Bossuet, à celle de
Voltaire, dans le *Siècle de Louis XIV*, on remarque que
les lignes tirées de Bossuet appartiennent au style *périodique*, et celles de Voltaire au style *ordinaire*. Il est
impossible qu'on ne soit pas frappé de la différence.

4. Peut-on reconnaître cette différence très-promp-
tement? — Oui, celui qui a étudié avec profit les formes du style doit reconnaître immédiatement et pouvoir signaler le caractère du morceau qu'il lit ou qu'il
entend ; son oreille seule l'en avertit.

3. Les figures font-elles aussi quelque chose au style?
— Oui, l'influence des figures n'est pas moins évidente
pour qui sait se rendre compte de ce qu'il éprouve.

6. Faites comprendre cela par un exemple. — Si
nous suivons les deux narrations dont il s'agit dans leurs
détails, nous les voyons constamment prendre, dans
l'expression de Bossuet, la couleur vive et animée qui
donne à ses oraisons funèbres quelque chose de poétique,
tandis que la simplicité philosophique domine dans Voltaire, qui cherche seulement à bien expliquer tous les
faits.

7. Trouve-t-on, dans nos écrivains, beaucoup
d'exemples analogues à ceux-ci? — Il n'y a pas de belles
pages dans nos écrivains français sur lesquelles on ne
pût porter, avec plus ou moins de développement, un
jugement général analogue à celui qui vient d'être indiqué : et ainsi le style de chaque écrivain, c'est-à-dire
sa manière d'écrire, peut, quand on l'examine avec attention, être déterminée, non plus par des mots généraux et des termes vagues comme ceux qu'on emploie

le plus souvent, mais par la désignation de formes nettement tracées et caractérisées d'une manière reconnaissable.

EXERCICES.

115e SUJET.

Le cardinal de Retz. — Puis-je oublier celui que je vois partout dans le récit de nos malheurs? cet homme si fidèle aux particuliers, si redoutable à l'État; d'un caractère si haut qu'on ne pouvait ni l'estimer, ni le craindre, ni l'aimer, ni le haïr à demi: ferme génie que nous avons vu, en ébranlant l'univers, s'attirer une dignité qu'à la fin il voulut quitter comme trop chèrement achetée et comme peu capable de contenter ses désirs: tant il connut son erreur et le vide des grandeurs humaines! Mais pendant qu'il voulait acquérir ce qu'il devait un jour mépriser, il remua tout par de secrets et puissants ressorts; et après que tous les partis furent abattus, il sembla encore se soutenir seul, et seul encore menacer le favori de ses tristes et intrépides regards. La religion s'intéresse dans ses infortunes, la ville royale s'émeut, et Rome même menace. Quoi donc! n'est-ce pas assez que nous soyons attaqués au dedans et au dehors par toutes les puissances temporelles? Faut-il que la religion se mêle dans nos malheurs, et qu'elle semble nous opposer de près et de loin son autorité sacrée? (Bossuet, *Oraison funèbre.*)

Même sujet. — On a de la peine à comprendre comment un homme qui passa sa vie à cabaler n'eut jamais de véritable objet. Il aimait l'intrigue pour intriguer; esprit hardi, délié, vaste et un peu romanesque, sachant tirer parti de l'autorité que son état lui donnait sur le peuple, et faisant servir la religion à sa politique; cherchant quelquefois à se faire un mérite de ce qu'il ne devait qu'au hasard, et ajustant souvent après coup les moyens aux événements. Il fit la guerre au roi; mais le personnage de rebelle était ce qui le flattait le plus dans sa rébellion: magnifique, bel esprit, turbulent, ayant plus de saillies que de suite, plus de chimères que de vues; déplacé dans une monarchie, et n'ayant pas ce qu'il fallait pour être républicain, parce qu'il n'était ni sujet fidèle, ni bon citoyen; aussi vain,

plus hardi et moins honnête homme que Cicéron ; enfin plus
d'esprit, moins grand et moins méchant que Catilina. (Le président Hénault.)

Examinez comparativement ces deux portraits. Montrez
la différence de ces styles.

La forme du style dans Bossuet est périodique, elle est plutôt
coupée dans Hénault ; ces petites sections : *esprit hardi, délié, etc.,
magnifique, bel esprit, etc., aussi vain, plus hardi, etc.*, tendent
à resserrer la pensée, et non à flatter ou à charmer l'oreille comme
les périodes harmonieuses de l'orateur sacré.

Quant aux figures, elles sont en général aussi différentes que le
caractère des deux écrivains. Chez Hénault, des répétitions : *l'intrigue pour intriguer ; le personnage de rebelle dans sa rébellion ;*
des énumérations rapides et abstraites ; des antithèses étudiées et
philosophiques. Chez Bossuet, d'autres antithèses d'un autre caractère, et tendant à relever le cardinal d'un côté, plus qu'on ne l'a-
baisse de l'autre ; des expressions métaphoriques, et cette sorte de
réticence ou d'euphémisme qui consiste à ne jamais exprimer complétement une pensée de blâme ; enfin, des interrogations et un épiphonème très-beau à la fin de ce portrait. Il est visible qu'il n'y a
presque rien de commun entre ces deux ouvrages que le fond, et
qu'en comparant les phrases une à une, on en ferait encore mieux
saisir la différence.

---

§§ 72, 73 et 74. ANALYSES LITTÉRAIRES.

1. Peut-on pousser plus loin cet examen du style ?
— On peut et on doit pousser plus loin cet examen, en
rédigeant, sous le nom d'*analyses littéraires*, des devoirs écrits et faits à tête reposée.

2. En quoi consistent ces analyses ? — Elles consistent à remarquer, sur un texte donné, toutes les formes, toutes les figures, tous les ornements précédemment étudiés.

3. Que résulte-t-il de ce travail ? — Les élèves peuvent analyser de beaux morceaux de prose ou de vers,

et s'habituer à bien rendre compte de la manière dont se sont exprimés les écrivains et les poëtes.

4. Est-ce là tout ? — Cela ne suffit pas encore : un exercice qui sera aussi fort utile, que toutefois ils ne devront essayer qu'à la fin du cours, et lorsque leur esprit se sera déjà fortifié par l'étude des beaux passages, c'est l'examen et la critique des phrases d'un style défectueux.

5. Comment cela se peut-il faire ? — A l'occasion, et sans en faire l'objet d'une étude proprement dite, chacun notera, soit dans ses lectures, soit dans ses compositions, ce qui peut blesser le bon usage.

6. Quel avantage résulte-t-il de là ?—Le goût se forme petit à petit, et les élèves finissent par analyser et critiquer quelques-unes de ces tournures, malheureusement si communes aujourd'hui, qui sont loin d'être irréprochables.

7. Cela suffit-il pour faire un bon écrivain ? — Non : il faut bien se rappeler que la connaissance de ces formes ne suffit pas pour faire un écrivain, et que rien ne peut suppléer le talent naturel, cette disposition que l'étude développe et qu'elle ne donne pas.

EXERCICES.

116ᵉ SUJET.

La calomnie. — J'ai vu les plus honnêtes gens près d'en être accablés. Croyez qu'il n'y a pas de plate méchanceté, pas d'horreurs, pas de conte absurde qu'on ne fasse adopter aux oisifs d'une grande ville en s'y prenant bien. D'abord un bruit léger rasant le sol, comme une hirondelle avant l'orage, *pianissimo* murmure et file, et sème en courant le trait empoisonné. Telle bouche le recueille, et *piano, piano,* vous le glisse en l'oreille adroitement. Le mal est fait, il germe, il rampe, il chemine, et, *rinforzando* de bouche en bouche, il va le diable ; puis tout à coup vous voyez la calomnie se dresser, siffler, s'enfler, grandir à vue d'œil ; elle s'élance, étend son vol, tourbillonne, enveloppe, arrache, entraîne, éclate et tonne, et devient un cri général, un *crescendo* public, un chorus universel de haine et de proscription. (Beaumarchais, *le Barbier de Séville*.)

ANALYSE LITTÉRAIRE ET CRITIQUE.

Examinez ce morceau par rapport à la forme générale, aux figures, aux qualités et aux défauts du style.

La forme de ce style est la forme ordinaire ; quelquefois il est coupé ; et de là résulte une certaine rapidité qui fait illusion sur les défauts que nous indiquerons tout à l'heure.

Les figures sont nombreuses et variées.

Il n'y a pas de plate méchanceté, pas d'horreur, pas de conte absurde.... c'est l'ellipse connue sous le nom de *disjonction*.

D'abord un bruit léger. Ellipse pour *c'est un bruit léger* ; c'est de plus une métaphore, car *le bruit* n'est pas pris ici dans le sens moral de *rumeur populaire*, mais dans le sens d'un mouvement de l'air, qui rase le sol.

Rasant le sol comme une hirondelle avant l'orage ; c'est la suite de la même métaphore, avec une comparaison ; celle-ci est exprimée avec rapidité par l'ellipse d'un mot exprimé auparavant : *rasant le sol* comme une hirondelle *rase le sol* avant l'orage.

Pianissimo est une parenthèse.

Murmure et file, et sème en courant le trait empoisonné. Il y a ici plusieurs métaphores qui malheureusement ne s'accordent guère ensemble. Le bruit *murmure*, c'est très-bien : il *file*, c'est un peu plus difficile à comprendre. *Il sème en courant :* comment le bruit peut-il *courir ?* Il *sème le trait empoisonné.* Mais un trait ne se sème pas ; il se lance ou se jette.

Telle bouche le recueille. La bouche ne recueille pas les mauvais propos ; elle les exprime ou les produit. Beaumarchais attribue ici à la bouche ce qui ne peut convenir qu'à l'oreille. C'est un exemple du danger que peut présenter la synecdoque de la partie pour le tout.

Piano, piano, est une parenthèse.

Le glisse en l'oreille. Glisser un trait est une fort mauvaise expression, à moins que *trait* ne soit pris expressément dans le sens de *mot malin ;* c'est bien ici son sens reculé, mais ce n'est pas son sens formel, et alors il est en contradiction avec tout le reste de la métaphore.

Il germe, il rampe, il chemine, et rinforzando il va le diable. Il y a dans cette phrase une intention de gradation ; l'exécution, malheureusement, n'est pas bonne. Il n'y a aucun rapport entre *germer*, *ramper* et *cheminer*. Ces trois actions appartiennent à des êtres entièrement différents ; l'une n'indique pas plus de vitesse ni d'énergie que l'autre.

Rinforzando est une parenthèse.

Vous voyez est une espèce d'apostrophe : Basile s'adresse à son interlocuteur, auquel il ne s'adressait pas auparavant ; il l'intéresse directement dans sa peinture.

La calomnie se dresser, siffler, s'enfler, grandir à vue d'œil. Vous voyez grandir *à vue d'œil* est un pléonasme des moins excusables ; *se dresser, siffler, s'enfler* est une figure de mots, une imitation du son ; c'est de l'harmonie imitative, et l'effet en est médiocre. Beaumarchais a voulu aussi, sans doute, mettre une gradation dans ces mots ; mais cette gradation ne vaut pas mieux que la précédente. Il n'y a pas de rapport entre *se dresser* et *siffler*, entre *siffler* et *s'enfler*. La comparaison est seulement prise du serpent, auquel *grandit à vue d'œil* ne peut guère convenir.

Elle s'élance, etc. Cette énumération continue, ou du moins paraît continuer la métaphore du serpent pour le premier mot *elle s'élance ;* le second, *étend son vol,* n'y convient plus guère, à moins qu'on ne se figure un serpent ailé, un dragon. Les suivants, *tourbillonne, enveloppe, arrache, entraine,* n'y conviennent plus du tout ; l'idée passe nécessairement du serpent au vent. *Éclate et tonne,* qui viennent après, signifient sensiblement la même chose, et montrent que ce n'est pas le vent en général, mais une trombe à quoi il faut penser. Tout le monde avouera qu'on ne peut regarder comme un bon style celui où il y a tant d'incohérences dans les idées.

Un cri, un crescendo, un chorus. Ces derniers mots sont tirés de l'art musical. Celui qui parle est un maître de musique, qui a établi une gradation très-sensible et très-juste entre les quatre parties de sa tirade, par les interjections précédemment citées, *pianissimo, piano, rinforzando* et *crescendo.* Cette fin est ce qu'il y a de mieux dans le morceau.

Qualités et défauts du style. Ce que nous venons de dire permet de juger très-exactement les qualités et les défauts de ce style. Il a une grande clarté mêlée à beaucoup de rapidité et à une certaine énergie ; mais il est loin d'être pur ; les figures y sont souvent de mauvais goût, et l'élégance y est à peu près nulle.

117e SUJET.

Le poëte Ducis a fait cette inscription pour un cadran solaire :

> Passant, arrête et considère
> Avec mon ombre passagère
> Glisser l'image de tes jours ;
> Le doigt du Temps sur la lumière

De tes heures écrit le cours.
Ton sort dépend de la dernière :
Pour ne rien craindre sur la terre ,
Trop heureux qui la craint toujours.

ANALYSE LITTÉRAIRE ET CRITIQUE.

Examinez cette pièce de vers quant à la forme, aux figures, aux ornements, et aux qualités ou défauts du style.

Il n'y a rien à dire de la forme; ce sont des vers de huit syllabes; ils sont soumis aux règles ordinaires de notre versification.

Quant à la manière dont les vers sont composés, elle appelle quelques observations critiques.

Considère glisser une image. Le verbe *considérer* ne prend guère un complément verbal ; on dira bien *regarde glisser cet enfant*, plutôt que *considère glisser cet enfant*. La phrase est donc incorrecte, à moins qu'on ne regarde comme une hardiesse poétique, comme une licence, cet emploi du verbe *considérer*.

Avec mon ombre glisser l'image de tes jours. Il y a ici un pléonasme inexcusable dont il est singulier que Ducis ne se soit pas aperçu. Qu'est-ce que *l'image de nos jours*, si ce n'est l'ombre du style? de sorte que la pensée se réduit à ceci : *Vois mon ombre glisser avec mon ombre* ou *avec elle-même. L'image* est de trop dans le dernier vers ; il fallait dire : *Vois tes jours glisser avec mon ombre;* c'est la traduction de ce mot de la *Bible*, si souvent placé sur les cadrans solaires : *Sicut umbra dies nostri.*

Le doigt du Temps écrit le cours de tes heures sur la lumière. N'est-ce pas plutôt *sous la lumière?* car, enfin, le soleil est plus haut que le style, à moins que Ducis n'appelle *lumière* la partie du cadran éclairée par le soleil et qui ne reçoit pas d'ombre. Dans tous les cas, l'expression n'est ni précise ni bien élégante.

Écrire le cours est ensuite un très-mauvais terme : on peut *tracer* le cours ; mais *l'écrire!* Les deux idées sont tellement disparates, qu'il est bien difficile de concevoir l'association de ces mots.

Ton sort dépend de la dernière. Quel sort? et à quoi se rapporte la *dernière?* En y réfléchissant, on voit que c'est à notre dernière heure, qu'il s'agit de notre sort dans un autre monde. Mais l'ellipse qui fait sous-entendre *heure* n'est pas du tout naturelle, et jamais on n'appelle *sort* absolument et sans préparation notre bonheur ou notre malheur éternel.

Pour ne rien craindre sur la terre, trop heureux qui la craint toujours. Ces deux vers renferment, sous l'opposition de ces mots, *craindre toujours* et *ne rien craindre*, une pointe puérile, et que le mauvais style rend plus sensible encore. D'abord *trop heureux* est mauvais ; il fallait *heureux qui la craint.* Il s'agit ici de la vie éternelle; on est *heureux*, et non pas *trop heureux* de l'obtenir. *Heureux qui la craint;* Ducis a voulu dire qui y pense, qui *se conduit de manière à ne pas la craindre.* *Craindre* la dernière heure, c'est-à-dire *craindre la mort*, ne nous avance à rien pour notre salut, si nous ne faisons rien pour le temps qui doit la suivre; et alors ce n'est pas l'instant de la mort que craint l'homme religieux, c'est l'éternité qui commence après elle.

Quant au mot *pour ne rien craindre sur la terre*, c'est un non-sens absolu, ou, si on l'aime mieux, une contradiction dans les termes. C'est sur la terre que notre dernière heure nous arrive: comment celui qui la craint toujours ne craindrait-il rien sur la terre? Ducis a, sans s'en apercevoir, pris le mot *craindre* dans des sens différents, ou bien il a effectué des ellipses si fortes, que sa pensée est inintelligible. Le sens nécessaire est celui-ci: « Heureux qui ne craint rien que la réprobation après sa dernière heure: celui-là ne craint rien de ce qui peut lui arriver sur la terre. » On voit que l'expression de Ducis est loin de rendre ce sens.

Qualités et défauts. La pensée qui a présidé à ce huitain est certainement très-salutaire; elle est même présentée d'une manière agréable. Mais le style est si mauvais, qu'il est impossible qu'un homme de goût n'en soit pas rebuté. C'est un peu le défaut de Ducis qui avait des sentiments très-élevés et très-poétiques, mais qui n'était pas à beaucoup près aussi habile à les rendre qu'à les concevoir.

118e SUJET.

Cette inscription pour un cadran étant donnée, pouvez-vous faire disparaître toutes les fautes signalées ici, et rendre le huitain irréprochable?

CORRIGÉ.

Il faut, avant de répondre à la question, faire les deux remarques suivantes: un devoir de ce genre ne peut être donné qu'à des élèves très-forts: le maître fera presque toujours mieux corriger une expression seule qu'une pièce entière; ainsi, en général, c'est sur une figure déterminée qu'il fera bien d'appeler une correction.

Ensuite on peut corriger une pièce sans la rendre absolument bonne: la poésie est belle par les beautés qui s'y trouvent, et non par les fautes qu'on en efface. Si la pensée est nulle, si l'expression est froide et sans couleur, l'ouvrage peut rester maussade, quoiqu'il n'y ait plus de faute à y reprendre.

Ces deux observations faites, voici comment la pièce de Ducis peut être rétablie:

Vers 1 et 2. — Nous laissons subsister les deux premiers vers, bien que *considérer* suivi d'un infinitif soit inusité; comme son sens est le même que celui de *regarder*, on peut dire que c'est une hardiesse poétique.

Vers 3. — Nous avons vu que *l'image de tes jours* est un non-sens. Ce sont réellement les jours, et non pas seulement leur image, qui marchent avec l'ombre. Nous mettrons donc *glisser la suite de tes jours*.

On pourrait aussi, par une autre métaphore peut-être plus agréable, mais plus éloignée de la pensée primitive, écrire :

> Passant, arrête et considère
> Avec mon ombre passagère
> Tourner le cercle de tes jours.

Les deux expressions sont également justes et conviennent parfaitement à la situation.

Vers 4 et 5. — Nous avons indiqué la correction du quatrième vers ; c'est *sous la lumière* qu'il faudrait. Quant au cinquième, au lieu d'*écrit*, il faut mettre *montre, marque* ou *trace* ; il faut aussi ôter de là les *heures*, qui ne se distinguent pas des jours, et qui ne sont placées ici que pour amener un peu plus loin *la dernière*, laquelle ne s'y rapporte pas nettement. Nous écrirons donc :

> Le doigt du Temps sous la lumière
> En trace le rapide cours.

Vers 6, 7 et 8. — Le sixième vers devra être corrigé ainsi : *Bientôt vient ton heure dernière*, ou *bientôt viendra l'heure dernière* ; on efface ainsi le *sort* qui ne s'entend pas, et il n'y a plus aucune indécision sur le rapport de l'adjectif.

Le septième vers peut rester tel qu'il est. Le huitième doit être modifié comme nous l'avons dit. Il faut penser à la dernière heure, et non pas la craindre. Il faut surtout supprimer le mot *heureux*, qui présente une idée contradictoire. Nous mettrons donc : *à cette heure*, ou *à celle-là pense toujours*.

Ainsi le huitain de Ducis deviendra :

> Passant, arrête et considère,
> Avec mon ombre passagère,
> Glisser la suite de tes jours.
> La main du temps, sous la lumière
> En trace le rapide cours.
> Bientôt vient ton heure dernière :
> Pour ne rien craindre sur la terre,
> A celle-là pense toujours.

FIN.

TABLE DES MATIÈRES.

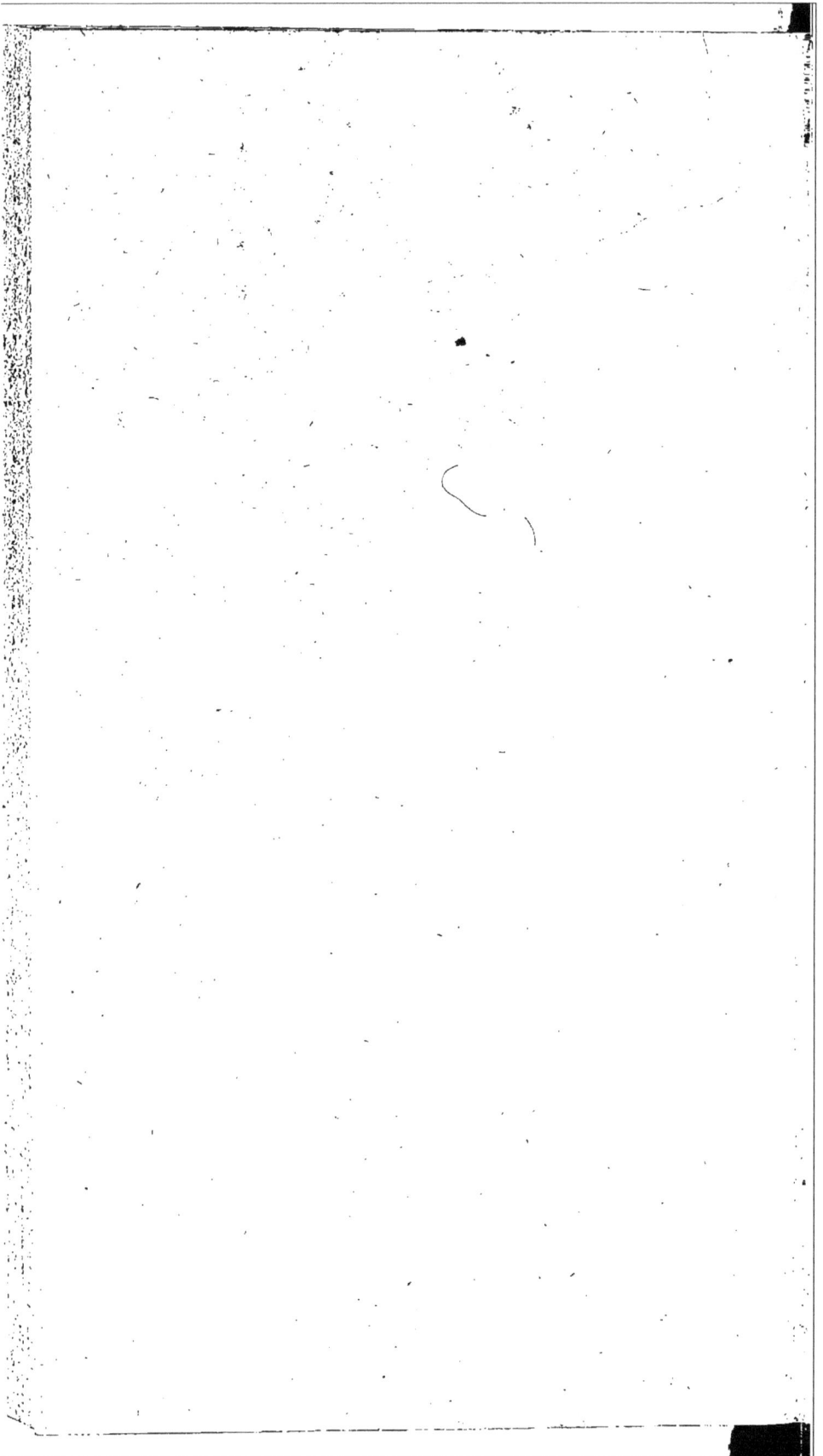

www.ingramcontent.com/pod-product-compliance
Lightning Source LLC
Chambersburg PA
CBHW072219270326
41930CB00010B/1919